Los milagros sanadores del
Arcángel Rafael

Los milagros sanadores del ARCÁNGEL RAFAEL

Doreen Virtue

Grupo Editorial Tomo, S.A. de C.V.,
Nicolás San Juan 1043,
03100, México, D.F.

1.ª edición, noviembre 2010.
2.ª edición, enero 2012.
3.ª edición, mayo 2014.
4.ª edición, octubre 2016.
5.ª edición, agosto 2018.

Nicolás San Juan 1043, Col. Del Valle
03100, Ciudad de México.
Tels. 5575-6615, 5575-8701 y 5575-0186
Fax. 5575-6695
www.grupotomo.com.mx
ISBN-13: 978-607-415-235-7
Miembro de la Cámara Nacional
de la Industria Editorial N.° 2961

Traducción: Ivonne Saíd Marínez
Diseño de portada: Karla Silva
Formación tipográfica: Armando Hernández R.
Supervisor de producción: Leonardo Figueroa

Impreso en México - *Printed in Mexico*

CONTENIDO

Introducción 7

1. Milagros sanadores. 15
2. Control y disminución del dolor 41
3. Rafael asiste a los sanadores 61
4. Sanación emocional 87
5. Sanando niños 103
6. Dietas, adicciones y ejercicio. 123
7. Protegiendo a nuestras mascotas. 145
8. Rafael, el ángel de los viajes 155
9. Señales de parte de Rafael 169
10. Ve y conoce a Rafael 179
11. Oraciones sanadoras. 187

Acerca de la autora. 221

Introducción

ÉSTE ES un libro, que no pertenece a ninguna religión, sobre el arcángel Rafael, un ser celestial poderoso que sana a las personas y a los animales. Rafael (se pronuncia Ra-fa-el) es el sanador supremo del reino de los ángeles. De hecho, en hebreo, su nombre significa "Dios sana" o "El que sana". Muchos creen que se deriva de la palabra hebrea *rophe*, que quiere decir "doctor de medicina".

Aunque Rafael no es mencionado específicamente en la Biblia tradicional, los teólogos lo identifican como el arcángel que sanó al paralítico en el estaque de Bethesda descrito en las Escrituras. También es famoso por ser uno de los tres ángeles que visitaron al patriarca Abraham y a su esposa Sara para anunciarles y ayudarlos en la concepción de su hijo; por sanar las heridas de Jacob, el nieto de Abraham; y por darle el anillo mágico al rey Salomón.

En el catolicismo, es san Rafael, el patrono de la sanación, de los médicos, de los viajeros y las casamenteras. El nombre de Rafael aparece en el canónico (es decir, considerado parte de la Biblia por las iglesias romana católica y la ortodoxa oriental desde el año 397 d. C.) Libro de Tobit. Este libro, en ocasiones llamado el Libro de Tobias, se perdió y después se redescubrió como uno de los Rollos del Mar Muerto en Qumrán, el templo de los antiguos esenios, en el siglo XX.

El libro describe la historia de Tobit, un judío devoto y servicial que se volvió tan desesperado cuando quedó ciego, que le pidió a Dios que lo dejara morir. La misma noche de la plegaria de Tobit, una mujer llamada Sara también rogó a Dios que le enviara la muerte por el dolor de perder a siete esposos, los cuales murieron en la respectiva noche de bodas.

Dios respondió las oraciones de Tobit y de Sara mandando al arcángel Rafael en forma de humano. Rafael no se identificó como ángel, sino que se ofreció a proteger y guiar a Tobias, el hijo de Tobit, en el viaje que haría para recuperar el dinero que le debían.

Rafael condujo a Tobias hacia Sara, quienes se enamoraron y se casaron. Así, el arcángel ayudó a Tobias para que se deshiciera de los demonios que habían matado a los anteriores esposos de Sara, utilizando peces en el trabajo de sanación. Rafael también usó un ungüento hecho con pescado para ayudar a Tobias a sanar la ceguera de su padre. Mientras Tobit, Tobias y Sara disfrutaban de su nueva vida, Rafael recuperó el dinero de Tobit. Una vez concluido su trabajo, el arcángel reveló su verdadera identidad y regresó al reino de los ángeles.

La historia sirvió de inspiración para que Rafael fuera nombrado santo patrono de los médicos, los viajeros, los ciegos y las casamenteras. En este libro, conoceremos a fondo esos roles, que continúa representando.

El nombre de Rafael también aparece en el libro de Enoch, otro escrito de los Rollos del Mar Muerto, donde se le describe como "uno de los ángeles sagrados que cuida el espíritu de los hombres". En este texto, el Señor encarga a Rafael la tarea de sanar la tierra del caos causado por algunos ángeles caídos y gigantes; amarrar y expulsar demonios; ayudar a todos los niños, y salvar al mundo de la corrupción. El arcángel Rafael sigue concentrado en esta misión hasta hoy.

El arcángel Rafael y tú

Con frecuencia recibo cartas de gente que se sorprende porque los ángeles ayudan a la humanidad. Quedan impresionados o dudosos de que ángeles famosos como Miguel, Rafael y Gabriel ayuden a las personas comunes y corrientes, sobre todo en esta época moderna. Me escriben: "¿No son ángeles de la Biblia?". Bueno, sí, y continúan ayudándonos miles de años después.

Los ángeles son los mensajeros que Dios envía a la Tierra para que lleven a cabo el plan de paz del Creador. Para crear esa experiencia en la Tierra, necesitamos un planeta lleno de personas tranquilas incluidos tú y yo. Por eso, la misión de los ángeles es hacer lo que sea necesario para ayudar a todos a estar en paz. Como los problemas de salud interfieren con este sentimiento, es natural que Dios enviara al arcángel Rafael para brindar bienestar a toda la gente.

No necesitas ser especial, "elegido", religioso, o siquiera buena persona para recibir la ayuda sanadora de los ángeles. Ellos asisten a todos porque aman a todos... y porque es la voluntad de Dios que estemos en paz.

Cada persona tiene ángeles de la guarda que los acompañan en todo momento. Estos seres celestiales son ayudantes, guías y protectores sin ego. También tienes por lo menos un ser querido difunto que te cuida. Aunque tus amigos y familiares que están en el Cielo técnicamente no son ángeles (porque tienen ego humano), pueden hacer labores de ángeles, y trabajan en conjunto con tus ángeles cuando lo necesitas.

La palabra *arcángel* (que se pronuncia ar-cán-gel) proviene de la frase griega "el mensajero más importante de Dios". *Arch* significa "el primero" o "el más importante", y *ángel* quiere decir "mensajero de Dios".

Los arcángeles son más grandes, más poderosos y más especializados que los ángeles de la guarda. Los textos espirituales describen docenas de arcángeles, aunque las religiones más importantes reducen la lista a cuatro o siete. Rafael *siempre* encabeza las listas de arcángeles, junto con Miguel, el ángel protector; y Gabriel, el ángel mensajero.

Como los arcángeles no tienen ego, ni cuerpo físico, son seres completamente ilimitados. Esto quiere decir que pueden estar con muchas personas al mismo tiempo e interactuar de manera personalizada con todos aquellos que piden su ayuda. Por esta razón, no pienses que los molestas si los llamas.

Debo hacer énfasis en que no estamos adorando, ni dedicando plegarias a los ángeles, toda la gloria es para Dios, que es el Creador de los ángeles, y de ti y de mí. Sin embargo, los ángeles y los arcángeles son conductos palpables de conexión con Él. Dios hizo a los ángeles para que fungieran como intercesores y trabajáramos con ellos para generar paz en la Tierra.

A veces, la gente me pregunta: "¿Por qué hablaría con los ángeles cuando puedo hablar con Dios igual de fácil?". Ésta es una pregunta excelente, así que durante mucho tiempo recé hasta que recibí una respuesta que me trajo paz:

Si escuchas con claridad la voz de Dios y sientes que tienes una conexión directa con Él, entonces es Él con quien debes hablar. No obstante, mucha gente se altera tanto durante las crisis de salud, que ya no escuchan la muy alta vibración de la guía de Dios. En ese momento, tienen que hablar con los ángeles, quienes son capaces de ajustarse a nuestras vibraciones sin importar lo estresados que estemos.

Los ángeles son obsequios que nos manda Dios. E igual que cualquier regalo, hay que apreciarlos. La intención de Dios es que los ángeles nos ayuden.

Mira a Rafael

Yo veo ángeles desde que era una niña (un don espiritual que es muy normal entre los niños altamente sensibles), por eso mi interacción con Rafael es muy visual y emocional. Lo veo como un amigo íntimo y digno de confianza para todos. Tiene un gran sentido del humor, e igual que los mejores comediantes, su humor siempre es simpático, dulce y cariñoso. Así, Rafael nos recuerda el poderoso efecto curativo de la risa.

Como los ángeles no tienen cuerpo, cuando una persona los *ve* (durante crisis, sueños, sesiones psíquicas, visitas, y demás), aparecen en la forma que mejor ayudan al individuo. Me he dado cuenta de que la aparición física de los arcángeles es simbólica de sus especialidades. Por ejemplo, el arcángel Miguel es la personificación de músculos tensos y físico definido porque es el ángel protector. El arcángel Rafael, por otro lado, tiene una apariencia más relajada que Miguel, ¡quizá porque es *sano* estar relajado!

Además, la especialidad de cada arcángel crea un campo de energía circundante, la cual es percibida por personas visualmente sensibles como una brillante luz de color. La energía del arcángel Miguel se ve azul marino y violeta, y la del arcángel Rafael es verde esmeralda. Muchas veces, cuando la gente le pide a Dios que mande al arcángel Rafael para que los sane, ven luces verde brillante con sus ojos físicos. Notar chispas o destellos de luz verdes es una señal de que Rafael está contigo.

También puedes visualizar luz verde esmeralda alrededor de la persona o área del cuerpo que necesita sanación, es una manera de invocar la presencia y la energía sanadora del arcángel Rafael.

Rafael es representado en pinturas como el ángel que guía a Tobias, y con frecuencia es pintado con el caduceo símbolo de la sanación (la insignia con alas que aparece en la portada de este libro). Y como leerás en las siguientes páginas, sus milagros sanadores son vastos y variados.

Muchos dicen haber visto el nombre de Rafael en placas de autos, en las placas de los nombres de empleados y demás, como medio de validación de la presencia del ángel sanador. Una cosa es segura, el arcángel Rafael no tiene reparos en hacerte saber que está contigo, pues la relajación que produce la certeza de su presencia tiene efectos curativos.

Siente a Rafael

Además de ver las señales del arcángel Rafael, muchas personas sienten su presencia. Como leerás en las historias que conforman este libro, el arcángel genera sentimientos físicos palpables cuando hace sanaciones. La mayoría de la gente comenta su energía profundamente suave, la cual brinda gran consuelo, fe y confianza. Aquellos que han sido sanados por Rafael también reportan sensaciones de calor y de hormigueo al recibir su energía de sanación.

Mientras escribía este libro, experimenté de primera mano el poder sanador del arcángel Rafael cuando empecé a tener síntomas de un resfriado. Le pedí al arcángel que me sanara, ¡y en minutos desapareció todo rastro de la enfermedad! En las siguientes páginas, leerás cómo Rafael sana lo que sea, desde resfriados comunes hasta enfermedades graves, lo único que tienes que hacer es pedir.

Capítulo 1

MILAGROS SANADORES

"Querido Dios y arcángel Rafael, necesito un milagro en este momento. Por favor, sanen mi cuerpo completamente y restablezcan mi salud. Por favor, guíen con claridad mi sendero de bienestar, denme apoyo en todos sentidos, y ayúdenme a sentirme bien y sano ahora".

EL PRINCIPAL papel del arcángel Rafael es apoyar, sanar y guiar en cuestiones de salud. Utiliza una variedad de métodos, entre ellos la intervención directa, donde instantánea y milagrosamente sana enfermedades; y la guía, donde dirige a la persona hacia las mejores vías para sanar.

Después de leer y escuchar miles de casos de estudio, estoy convencida de que Dios y Rafael eligieron los mejores medios y métodos para cada condición en particular. También creo que existe un orden Divino detrás de cada situación, aunque nuestras mentes humanas no comprendan por completo los por qué ni los cómo.

Generalmente, el libre albedrío de los humanos es el catalizador y el culpable de cada situación de salud. Dios y los ángeles no pueden intervenir con las decisiones de nuestro libre albedrío, deben esperar hasta que por voluntad propia pidamos su ayuda.

Cómo pedir la ayuda sanadora del arcángel Rafael

¿Cómo pides la ayuda del Cielo cuando tienes problemas de salud? Hay miles de formas de hacerlo, como leerás en las historias de este libro; pero, por ejemplo, puedes:

- Hacer tu petición en voz alta.
- Dirigir tu oración a Dios.
- Dirigirte a Dios y al arcángel Rafael.
- Incluir tu figura religiosa preferida (Jesús, un santo, y demás).
- Pensar la oración.
- Escribir la petición.
- Decir tus necesidades en voz baja.

- Pronunciar la oración con reverencia o con frustración.
- Hacer una oración de súplica, implorando al Cielo que satisfaga tu necesidad (por ejemplo: "¡Por favor, ayúdame!")
- Usar una oración positiva, afirmando que ya recibiste la ayuda (por ejemplo: "Gracias por ayudarme".)

No importa *cómo* pidas ayuda, basta sólo con que la *pidas*. A continuación, te presento unos puntos importantes que debes recordar cuando solicites la asistencia del arcángel Rafael:

1. Pide ayuda, en voz alta o en silencio. Rafael puede ayudarte sólo si lo solicitas porque no violará tu libre albedrío.
2. Desahoga tu corazón con Rafael y explícale tus sentimientos.
3. Visualiza que una luz sanadora verde esmeralda envuelve el problema de salud.
4. Presta atención y haz caso a la guía Divina, que llega de manera intuitiva a ti para que des los pasos correspondientes.
5. Sigue pidiendo ayuda hasta que la sanación tenga lugar.

Cuando pidas ayuda, no les digas a Dios, ni a los ángeles *cómo* hacerlo. Eso se llama "sugerencia" y bloquea, o retrasa, la respuesta a tus oraciones. Cuando sugieres, puedes pasar por alto la respuesta porque estás concentrado en otras expectativas. Deja que el Cielo se encargue de resolver tu problema con soluciones que superan la imaginación y las expectativas humanas.

C C C

En las siguientes historias, leerás sobre gente que tomó la opción de pedir que el Cielo le ayudara con su salud. Fíjate en la gran variedad de oraciones respondidas.

Rezar por alguien más

El arcángel Rafael responde a todas las oraciones, incluidas las que hacemos por otras personas. Si éstas aceptan su ayuda, la combinación de las oraciones de más de una persona es muy poderosa.

Aunque el arcángel no puede imponer su ayuda a un individuo enfermo que no desea asistencia espiritual, tú puedes pedirle que esté con otra persona, y su mera presencia tiene un efecto sanador.

Helle Brisson es practicante de terapia con ángeles certificada y llamó a Rafael para que asistiera a una amiga muy enferma, ¡y obtuvo resultados milagrosos! Helle recuerda:

Tengo una amiga querida que padecía insuficiencia renal crónica y pasaba varias horas a la semana conectada a una máquina de diálisis. No podía ir lejos de casa por las diálisis y porque estaba en lista de espera para un trasplante, por lo que debía estar disponible en cualquier momento.

Un día, después de la diálisis, me pidió que la llevara a un hospital cercano para que le hicieran una cirugía de emergencia y reabrieran la vía para la diálisis en su muñeca. Mientras estaba en cirugía, me senté y recé. Le pedí al arcángel Rafael que sanara por completo a mi amiga. Entonces, sentí que alguien me tocaba el hombro derecho. ¡Pero cuando volteé a ver quién era, no había nadie! Decidí que se trataba de un espasmo muscular, hasta que volvieron a tocarme el hombro y por fin entendí que los ángeles estaban dándome una señal.

Así que de inmediato pregunté: ¿Alguien quiere hacer contacto conmigo?

La respuesta llegó enseguida a través de una voz interna: Estás en un hospital, ¡mira a tu alrededor! *Lo hice y vi que todo el mobiliario de la cafetería era verde esmeralda, ¡el color relacionado con el arcángel Rafael! Me reí en voz alta y en silencio le agradecí por estar allí.*

¿Pediste que tu amiga sanara por completo? *Oí que me preguntó en mi mente, y con-*

tinuó: ¿Estás segura de que quieres que se alivie completamente?

La pregunta me pareció un poco extraña, pero contesté que sí, claro que quería que sanara por completo.

Considéralo un hecho, *fue la respuesta inmediata. Dejaron de tocarme en el hombro y Rafael desapareció.*

No volví a pensar en el encuentro, pues el personal me llamó poco después para decirme que mi amiga estaba lista para dejar el hospital. La cirugía había salido bien. Todavía estaba un poco adormilada, y no hablamos mucho en el auto de camino a casa. Fue directo a la cama cuando llegamos, así que esa noche no tuve oportunidad de contarle sobre mi encuentro con Rafael.

A la mañana siguiente, me desperté cuando mi amiga me llamó desde su habitación, en la planta baja de la casa. ¡Corrí para verla sentada en la cama riéndose! "¡Helle, el arcángel Rafael acaba de visitarme! Se sentó en mi cama y me dijo que habló contigo ayer porque le pediste que me aliviara por completo".

Le conté de mi conversación con el arcángel Rafael la noche anterior, nos reímos y nos abrazamos, y me sentí realmente bendecida por haber recibido la ayuda de un arcángel. Nos dio mucho gusto que el resultado fuera tan positivo.

Aproximadamente un año después, un hombre joven se acercó a mi amiga (que es artista profesional) en una exposición y le dijo: "Conozco la historia de su insuficiencia renal crónica, y quiero donarle uno de mis riñones".

Cabe señalar que puedes pasar años en las listas de espera de transplantes, ¡y es muy poco común encontrar un donador vivo! Se hicieron todas las pruebas médicas y eran perfectamente compatibles. Sin poder creer la suerte que tenía, mi amiga estaba emocionada y nerviosa por la cirugía. Todo salió bien con el trasplante, y ambos abandonaron el hospital a los pocos días.

Yo estaba fuera del país cuando la operaron, pero cuando sentí que me tocaban en el hombro, supe que el arcángel Rafael me tenía un nuevo mensaje. En esta ocasión, era muy corto y preciso: ¡Tu amiga ya está completamente curada!

Le agradecí y me sentí feliz por ella, pero entonces me di cuenta de que cuando recé un año antes, no lo hice sólo por la sanación de ese día, sino por una cura completa, la cual tuvo lugar un año después cuando recibió el trasplante de riñón y dejó de necesitar la diálisis. Mi amiga empezó una nueva vida, conoció a un amigo maravilloso y está muy bien con el riñón donado.

Igual que Helle, puedes pedirle a Rafael que ayude a un ser querido a recuperar la salud. No es necesario que estés calificado o capacitado especialmente, basta con una petición sincera. El arcángel Rafael ayuda a todo aquel que lo solicita, incondicional e inmediatamente.

Aquí un ejemplo de una oración que puedes decir para pedir por la salud de otra persona:

"Queridos Dios y arcángel Rafael, por favor ayuden a *[nombre de la persona]* con *[describe el problema de salud]*. Gracias por darnos fe y esperanza, y por ayudarnos a confiar en que todo está en orden perfecto y Divino. Gracias por guiarnos con claridad si necesitamos tomar acción como humanos para esta sanación".

Por ejemplo, el papá de Michael Muth convaleció en un sanatorio después de que lo operaran de la cadera. Michael vio una imagen del arcángel Rafael en la pared, así que le pidió que ayudara a su papá para que sanara pronto. Recibió un mensaje interno de que su padre estaba bien protegido y se recuperaría muy rápido. Y así fue. El papá de Michael pudo volver a caminar en muy poco tiempo y no volvió a tener dolor.

Acude a Rafael para recuperar la salud

Cuando le pides al arcángel Rafael que te sane, de inmediato se pone en acción para ayudarte. Como leerás, sus métodos y tratamientos están hechos a la medida de la situación y las necesidades de cada individuo. A veces, hace una intervención directa, y la persona siente fuertes hormigueos seguidos de una sanación completa e instantánea. En otras ocasiones, Rafael guía a la persona hacia la ayuda profesional adecuada.

El arcángel Rafael siempre responde que sí a todas las oraciones, afirmaciones, visualizaciones, cartas y demás formas de pedir su ayuda. No importa si alguien más reza a Rafael por ti o si tú mismo te diriges a él, confía en que te ayudará a recuperar la salud.

Tampoco importa *cómo* reces, siempre y cuando *reces*, como lo descubrió Suzie O'Neill cuando su vida se volvió tan estresante que le dio herpes en la cara, lo que le afectó la vista. El oculista le dijo a Suzie que lo más probable era que perdiera la vista parcial o totalmente del ojo izquierdo.

Después de la cita, Suzie llegó a su casa y se acostó a llorar en la cama diciendo: "¡Arcángel Rafael, por favor, no permitas que pierda la vista del ojo izquierdo!".

El herpes desapareció, para asombro del médico de Suzie, sin dañarle el ojo. No le dijo al doctor, pero ella sabía que había sido porque le pidió ayuda al arcángel Rafael para que sanara su ojo. No le pidió que aliviara el herpes, pero la enfermedad desapareció al mismo tiempo.

Como Rafael es venerado como ángel oculista (porque curó la ceguera de Tobit, según el Libro de Tobit), la historia de Suzie es particularmente significativa.

La petición que Suzie hizo a Rafael fue clara y sincera, el tipo de oración que produce resultados rápidos ya que la duda sobre la ayuda bloquea o retrasa la sanación espiritual. Así que estar totalmente seguro de que *quieres* aliviarte es esencial para que suceda.

Limpieza y liberación

Gran parte del trabajo de sanación de Rafael está relacionado con la limpieza de las energías tóxicas que causan la enfermedad. Igual que las toxinas físicas, las energéticas producen enfermedades físicas.

En la siguiente historia, Charlotte Sison comprobó cómo Rafael se llevaba la energía que se había "endurecido" tanto, que parecía y se sentía como si trajera un casco en la cabeza. Yo he visto cómo esos cascos y esos grilletes provocan dolores como la migraña que padecía Charlotte:

> *Presenté fiebre, con ardor de garganta, dolor de cuerpo, migraña, náuseas y tos seca. Como nunca había tenido una enfermedad con esta combinación de síntomas graves, me asusté, sobre todo porque era la época de la influenza.*
>
> *Como no me gusta tomar medicina, decidí pedirles a los ángeles que me ayudaran. Así, empecé a respirar profundo y a relajarme, y pedí al arcángel Rafael que me aliviara.*
>
> *Durante los primeros minutos no sentí nada más que el dolor punzante en el lado izquierdo*

de mi cabeza. No obstante, seguí insistiendo, relajándome y respirando hondo con los ojos cerrados y llamando a Rafael.

Entonces, de repente cambió el ambiente de mi habitación y se volvió cálido. En mi mente, vi que un ángel con alas me atendía, me calmaba y me daba masaje en la cabeza. Vi y sentí que su mano levantaba algo del lado izquierdo de mi cabeza. Tardó un rato porque al principio le costó trabajo, era como un casco de metal clavado en mi cabeza.

Vi y sentí que Rafael sacó despacio cuatro clavos y luego quitó el casco. Me di cuenta de que era la migraña, representada por el casco de metal. Me lo quitó y se lo dio al arcángel Miguel (que estaba a su lado mientras me atendía), quien supongo llevó esa "cosa" a la luz.

Después vi que Rafael colocó una pequeña aspiradora en mi boca para succionar las flemas y los mocos que tenía en los pulmones, la nariz y la garganta. Lo hizo con mucho cuidado. Luego, quitó la aspiradora y roció una sustancia como pasta de dientes verde en el interior de mi pecho. Continuó haciéndolo hasta que tuve la visión de un par de pulmones relucientes de limpios.

El último pensamiento que recuerdo antes de quedarme dormida fue: Parece que desapareció la migraña. *En la tarde, cuando desperté, ya no tenía fiebre ni dolor de cabeza, y mi pecho ya no se sentía congestionado como antes.*

Siento que fue un verdadero milagro. Gracias, arcángel Rafael. Ahora sé que debo pedir ayuda con más frecuencia.

Puedes visualizar que el arcángel elimina ataduras similares a las del casco de Charlotte con un soplete verde esmeralda. También quita los grilletes de energía del cuerpo (comunes alrededor del cuello, producidos por situaciones en las que otros te controlan), que limitan tu movimiento y generan dolor. Aunque, a final de cuentas, puedes llamar a Rafael como lo hizo Charlotte. Ésta es una oración sencilla:

"Arcángel Rafael, te pido que vengas
a mí y me quites las restricciones
o bloqueos de energía para que
disfrute de salud y bienestar".

Una mujer de nombre Deborah descubrió que Rafael sanó de inmediato un añejo padecimiento crónico. Deborah nació con obstrucción y complicaciones en los riñones, y padecía muchas infecciones y se sometía a varios exámenes médicos.

Los doctores recomendaban cirugía, pero la retrasó hasta que prácticamente se operaba o la siguiente enfermedad le haría perder el riñón completo. Así que se operó en 1998, se alivió pronto y la vida continuó.

Pero en 2006, Deborah volvió a enfermarse y estaba aterrada de tener que someterse a otra cirugía o que hubiera complicaciones con sus riñones. Aunque rezó y suplicó alivió, su estado empeoró, hasta que los médicos dijeron que necesitaba hacerse pruebas de imagen nuclear y un ultrasonido. Esos exámenes son muy costosos, y a Deborah le preocupaba cómo iba a pagarlos. Es entonces cuando sucedió el primer milagro, según recuerda:

> *El día de la prueba, llamaron del hospital para avisar que la máquina de imagen nuclear estaba descompuesta. Me dijeron que si amablemente aceptaba cambiarla para la mañana siguiente, compensarían el inconveniente haciéndomela gratuitamente. ¡Acepté de inmediato, feliz!*
>
> *Durante la prueba, veía el funcionamiento de mi riñón en un monitor. Aquí es donde sucedió el segundo milagro. En el monitor se veía que el del lado derecho funcionaba normal, aunque no el del lado izquierdo. Entonces, empecé a pedirle al arcángel Rafael que sanara mi riñón por completo. Me relajé e imaginé a todos los ángeles enviando luz sanadora color verde esmeralda a mi riñón. Visualicé al arcángel Rafael trabajando en él para repararlo totalmente, y continué recordándome que yo era perfecta y completa en todos los sentidos.*

> *Diez minutos después, la diferencia en el funcionamiento del riñón era sorprendente, y todos vimos con claridad que ambos riñones estaban trabajando casi al mismo nivel. Al día siguiente, regresé a ver a la especialista, quien estaba muy sorprendida de que mi función renal fuera casi perfecta.*
>
> *Al principio, la doctora creyó que tenía las imágenes equivocadas; después, comprobó que las máquinas funcionaran bien; y por último, llegó a la conclusión de que era un milagro y no entendía por qué estaba enfermándome.*

Desde este milagro del arcángel Rafael en 2006, Deborah no ha vuelto a tener una sola infección y espera no volver a tenerla nunca.

Enfermedad repentina curada

Además de los padecimientos crónicos como el de Deborah, el ángel sanador también cura enfermedades repentinas, como el envenenamiento por comida que sufrió un hombre llamado Michael cuando estaba en Hong Kong preparándose para una reunión importante. Michael había cenado en un restaurante cercano; algo de la comida estaba mal, pero igual se la comió porque estaba hambriento y cansado.

Treinta minutos más tarde, Michael presentó síntomas graves de envenenamiento por alimentos. A pesar del dolor, no tenía tiempo para enfermarse porque tenía actividades importantes la mañana siguiente. Estaba en Hong Kong solo y debía asistir a una reunión para poder regresar a su casa y trabajo en Londres.

Michael se aferró a las sábanas empapadas de sudor, doblado de dolor. Entonces, de repente, se acordó del arcángel Rafael. Sin más opción, se rindió y en ese momento sintió una presencia junto a la cama. Tenía los ojos cerrados, pero sabía que allí había alguien o algo. Michael comenta: "Sentí que me rodeaban de amor, y en un instante, el dolor se detuvo, la fiebre desapareció y me sentí en paz".

A la mañana siguiente, Michael se sentía increíble, como si nada hubiera sucedido. La reunión fue un éxito.

Michael dice:

> *Esta experiencia confirmó lo que había leído, que los ángeles son reales e increíblemente poderosos. Sabía que lo que pasó era imposible en la Tierra. Este encuentro sanador aumentó mi fe y me alienta para llamar a los ángeles y rendirme en todas las áreas.*

Cuando Michael dice "rendir", se refiere a soltar la necesidad de controlar la situación. Rendirse es un elemento importante para recibir sanación espiritual, ya que equivale a abrir la puerta principal para que entren los encargados de la casa y hagan su trabajo.

Con frecuencia trabajo con gente que tiene miedo de rendirse por varias razones (no confían en Dios, necesitan tener el control, o no están dispuestos a recibir ayuda, por ejemplo). Entonces, se vuelve un asunto de libre albedrío, porque el Cielo no puede ayudar a quien no *quiere* ayuda.

Si crees que tienes problemas de control, es una buena idea que pidas ayuda para solucionarlos. Ésta es una oración maravillosa:

"Querido Dios, por favor, ayúdame
a relajarme, a confiar y a tener fe
en tu capacidad milagrosa para restablecer
mi salud. Por favor, ayúdame a hacerme
a un lado para que los ángeles
y tú tengan total acceso a mi mente,
a mi cuerpo y a mi espíritu en nombre
de la sanación Divina. Amén".

El libre albedrío es la clave

Asegúrate de que de verdad quieras sanar. Aunque suene ilógico, algunas personas bloquean la sanación inconscientemente porque, muy en el fondo, le temen al bienestar. Las razones pueden ser: no querer perder "elementos de beneficios colaterales" asociados con la enfermedad, como causar lástima o recibir pagos por incapacidad; sentir que no mereces la ayuda del Cielo; y temer a tener que aceptar la responsabilidad de tu enfermedad.

Igual que con todo lo relacionado con el bienestar, puedes pedirle a Dios y a los ángeles que sanen los miedos que pudieran bloquear la sanación:

"Queridos Dios y arcángel Rafael, quiero querer la sanación. Abro completamente mi corazón y mi mente a ustedes, y les pido que se deshagan de los miedos, conocidos o desconocidos, relacionados con la salud. Deseo con toda mi voluntad estar receptivo a sus milagros curativos".

Una vez que estás completamente dispuesto y listo para recibir la sanación, lo único que te resta por hacer es pedir ayuda, como lo hizo Michael Muth (cuyo padre se recuperó de la cirugía de cadera en la segunda historia del capítulo). Antes padecía ardor de estómago con mucha frecuencia, que se trataba con varios medicamentos. Después de saber del arcángel Rafael, Michael le pidió que le quitara el ardor de estómago. Desde entonces, los síntomas se presentan de vez en cuando y ya no toma medicina.

La manera como le pides ayuda al arcángel Rafael no es tan importante como el hecho de que lo hagas, como he estado haciendo énfasis. Aunque descubro que cuando una persona pide ayuda con desesperación, sus oraciones son especialmente poderosas, como lo vivió Lina:

> *Hace muchos años, me enfermé muy fuerte de la garganta a causa de la mononucleosis. Adolorida e incapaz de tragar, comer o dormir, pasé una semana llorando desesperada porque no podía recibir tratamiento médico, ya que la infección no era tratable con antibióticos.*
>
> *Así que cada día lo pasaba en cama adolorida. A las tres de la mañana del quinto día de la enfermedad, me desperté, y de rodillas, lloré suplicándole al arcángel Rafael que me aliviara y me sanara, porque ya no toleraba el insoportable dolor.*
>
> *Entonces, exhausta, me fui a la cama, dormí como tronco, ¡y a la mañana siguiente desperté sin síntomas! ¡Sin nada de dolor, sin ninguna señal visible de la enfermedad! ¡Qué milagro! Estaba muy agradecida con san Rafael por su increíble amor y sanación.*

Creo que las oraciones de Lina fueron respondidas de inmediato porque no le dio miedo recibir el tratamiento de Rafael. Deseaba completamente la ayuda del Cielo, así que el arcángel no tuvo que enfrentarse a los temores del libre albedrío, que equivalen a una puerta cerrada con llave que le impide el paso.

También puedes rezar afirmativamente, como lo hizo Nicole cuando sintió un cosquilleo bajo la nariz, donde a veces le sale el doloroso y vergonzoso herpes labial. Fue guiada a meditar mientras le pedía a Rafael que la sanara. Así que se sentó en el jardín y recitó afirmaciones mentales como *Mi nariz está completamente curada* o *Estoy totalmente relajada y sana.*

Unos minutos después, Nicole sintió que Rafael decía: *Está sanada.* Sin duda, cuando entró a su casa, la piel debajo de la nariz había recuperado su color normal y se terminó el cosquilleó. Luego de una hora, sintió que se liberaba la energía bloqueada. Nicole dice: "Fue un gran alivio y un estupendo recordatorio de que hay que pedir ayuda y darse el tiempo para recibirla".

Las afirmaciones de Nicole fueron un medio poderoso para abrir la puerta a la sanación. Espiritual y energéticamente, esas afirmaciones positivas tienen un efecto idéntico al de la historia anterior de Lina, quien también abrió la puerta a Rafael a causa de su extrema desesperación. Ni Lina, ni Nicole tuvieron reparos, quisieron sanar, lo pidieron y lo recibieron.

Sensación de calor y cosquilleo

Aquellos que son sanados por el arcángel Rafael, por lo general sienten calor y cosquilleos durante la intervención del ángel, como le sucedió a Amanda Peart cuando se lastimó la cadera trabajando como entrenadora de un equipo de basquetbol. La lesión fue muy dolorosa y hacía que caminar fuera sumamente difícil.

¡Amanda quería llorar cada vez que intentaba moverse! Pero el deber llamaba y a la mañana siguiente estaba en el autobús para llevar al equipo a su juego de basquetbol.

En silencio, Amanda pidió al arcángel Rafael que sanara su cadera, ya que le esperaba un día muy difícil, con mucho dolor y movimientos limitados. De inmediato, sintió que las manos se le enfriaron, después se le calentaron y luego le hormiguearon. Al poco tiempo, tuvo las mismas sensaciones de frío, calor y hormigueo en la cadera.

Dos horas más tarde, cuando llegó a su destino, Amanda se bajó con cuidado del autobús, y quedó sumamente complacida al descubrir que su cadera estaba curada por completo.

El cálido hormigueo es sin duda la vasta energía que crea el arcángel Rafael y recorre a la gente que sana. Es como si una gigante descarga de energía corriera a través de ti de manera agradable y milagrosa.

A veces, las sensaciones tienen un efecto vibrante, como Susan White lo experimentó en la siguiente historia:

Estuve muchos días postrada en la cama, con dolor en todo el cuerpo a causa de una fuerte gripe. Llamé al arcángel Rafael para que me curara. Me di permiso para abrirme completamente a las energías de amor sanador del ángel.

Poco después, descubrí que mi cuerpo vibraba y tenía sensaciones de jalones en diferentes puntos. Así continuó durante algún tiempo. Era una sensación increíble y maravillosa. Sabía que el arcángel Rafael estaba conmigo, junto con otros ángeles cariñosos.

Cuando me levanté a la mañana siguiente, habían desaparecido mis dolores, fiebre y dolor de cabeza. De inmediato, le agradecí a Dios, al arcángel Rafael y a los ángeles.

Creo que el cosquilleo y las vibraciones son ondas de la energía de Rafael que palpita en todo el cuerpo, como rayos láser sanadores. Sin duda, las vibraciones eliminan las toxinas y abren los conductos del cuerpo para que fluyan el oxígeno y la sangre limpia.

Luz sanadora verde esmeralda

Para aquellos que ven la energía (como imagen a través del tercer ojo o con los ojos físicos), la presencia de Rafael va acompañada de luz verde esmeralda. Curiosamente, es el color que corresponde al chakra del corazón y la energía del amor. Así que literalmente Rafael baña al cuerpo con amor para llevar a cabo las sanaciones.

Hay quienes perciben la luz verde esmeralda de Rafael como chispas, destellos o cascadas de color. También puedes visualizar que luz verde esmeralda envuelve el área del cuerpo que quieres aliviar, como lo descubrió Jenn Prothero cuando le pidió a Rafael que curara a su papá.

Después de que su padre fuera diagnosticado con cáncer de vejiga, ella de inmediato empezó a trabajar con Rafael. Durante profundas meditaciones, le pidió al arcángel que envolviera la vejiga de su papá en su luz verde sanadora y eliminara todas las energías y células cancerosas que estaban haciéndole daño. También pidió que se restableciera su salud.

El padre de Jenn corría un alto riesgo de presentar un derrame cerebral durante la cirugía y era candidato a complicaciones. Así que el día de la operación, ella pasó la mañana meditando y hablando con Rafael y otros ángeles sanadores. Les pidió que cuidaran cada detalle para asegurar la recuperación y la salud de su papá.

Después de la cirugía, el señor estaba lleno de vida y se veía sano. Pero Jenn continuó su vigilancia y solicitó al arcángel que envolviera a su papá con una carpa de energía sanadora.

A la mañana siguiente, el papá de Jenn le dijo: "Tengo ganas de salir a caminar". Al otro día, lo dieron de alta. No tenía dolor, no hubo infecciones y tuvo pocas molestias. Jenn dice: "Sé que fue obra de Rafael, ¡y estoy muy agradecida!".

Cuando rezas por alguien que se someterá a cirugía, es buena idea que pidas a Dios y al arcángel Rafael que guíen las manos del doctor durante el procedimiento. El Cielo no puede violar las decisiones que el médico tome por voluntad propia, pero la presencia de Rafael en la sala de operaciones (gracias a tu invitación) sin duda tiene un efecto sanador, como descubrió Heather Vaughn:

> *El año pasado, mi papá tuvo que someterse a una cirugía repentina e inesperada para un* bypass *cuádruple, y le pedí a Rafael que guiara a los doctores, curara a mi padre y me diera la fortaleza para superar la impresión causada por todo ello. Cada día, enviaba fuertes intenciones sanadoras a mi papá y lo envolvía con luz verde.*
>
> *El médico dijo que la operación resultó más sencilla de lo que esperaba y que no tenía duda de que mi papá se recuperaría por completo. Se* recuperó *totalmente y hoy es un hombre nuevo. También está mucho más feliz y más sano, como hacía tiempo no lo veía.*

Las oraciones de Heather fueron poderosas porque pidió guía espiritual para los doctores, y también se aseguró de que su padre estuviera envuelto en luz verde. He aprendido que es importante hacer oraciones específicas, como las de Heather, porque el Cielo necesita nuestro permiso para intervenir en cualquier situación.

Por otro lado, no es recomendable darles a Dios y a Rafael indicaciones de cómo esperas que actúen durante la sanación (lo que ya mencioné que se llama "sugerencia", un método que bloquea las respuestas a tus plegarias porque pasarás por alto las diferentes formas en las que son contestadas).

La clave es pedir que se encarguen de todos los detalles de la sanación, pero sin decirle al Cielo *cómo* procurarla. Esto es algo en lo que haré énfasis en más ocasiones en este libro porque es un punto esencial.

¡Rafael sana *todo*!

Otro punto importante es saber que el Cielo sana todo y a todos. Ten cuidado con los bloqueos mentales como estos pensamientos: *Bueno, es una tarea muy grande para el Cielo*, o la idea inversa pero con la misma carga de energía: *Ay, es muy insignificante como para molestar al Cielo*.

Los ángeles me dijeron una vez: "La materia no importa". Me explicaron que las cosas materiales, como el cuerpo, son maleables y por lo tanto fáciles de manejar para ellos. A los ángeles les gusta ayudar y sanan todo, incluyendo materiales no orgánicos. Después de todo, los ángeles saben que los pequeños tensores causan estrés malsano.

Joan Hannan, mi madre, arregló el automóvil de la familia y la lavadora con oraciones. Tengo recuerdos claros de mi mamá con las manos en oración y los ojos cerrados, con una expresión de paz, pidiendo en silencio que esos aparatos se arreglaran porque nuestro limitado presupuesto no permitía que pagáramos su reparación o que los cambiáramos.

Por eso no me sorprende que Mary Jean George haya llamado al arcángel Rafael para que arreglara su auto. Mary Jean dejó su empleo a mediados de 2008 en plena recesión económica. Su ingreso era poco mientras buscaba un nuevo trabajo, sin espacio para gastos inesperados. Por eso recurrió al arcángel Rafael cuando se descompuso su auto.

La ventana eléctrica del lado del copiloto empezó a hacer ruidos horribles porque el motor se quemó. Un motor nuevo costaba $700 más la mano de obra, y no podía pagarlo. Un día especialmente difícil después de buscar empleo sin conseguirlo, Mary Jean golpeó la parte interior de la puerta del copiloto y gritó: "¡Arcángel Rafael, sé que sanas todo! ¿Podrías, por favor, arreglar el motor de esta ventana?".

El motor seguía haciendo ruido cada vez que subía o bajaba la ventana, y Mary Jean se sentía un poco tonta por haber pedido la ayuda de Rafael, pero de todas maneras le dio las gracias. ¡Varios días más tarde, se acabó el ruido! Al principio, creyó que era momentáneo y el ruido volvería a escucharse, pero hasta ahora ha permanecido en silencio.

Hoy, cada vez que Mary Jean baja su ventana, dice con gratitud: "Gracias, arcángel Rafael, por responder a mis plegarias".

Como lo demuestran las historias de Mary Jean y las demás que conforman este libro, la sanación se da en el tiempo Divino. A veces, tiene lugar de inmediato, otras parece que tarda más. Quizá estas aparentes demoras son para alejar la resistencia de nuestra voluntad a la sanación, o quizá porque Dios ve que hay otros factores que deben resolverse primero antes de que se dé la sanación.

Ten fe y confía en que Dios y Rafael escuchan tus oraciones. Una vez que pides ayuda, abres la puerta para que te brinden su apoyo, su guía y su asistencia.

En el siguiente capítulo, veremos cómo el Cielo ayuda a millones de personas que padecen dolor. Con la intervención del arcángel Rafael, éste se reduce e incluso se elimina.

Capítulo 2

CONTROL Y DISMINUCIÓN DEL DOLOR

"Querido arcángel Rafael, gracias por ayudar a mi cuerpo a sentirse sano y bien en todos los sentidos. Gracias por ayudarme a sentir vitalidad y paz".

LAS ESTADÍSTICAS demuestran que millones de personas padecen dolor crónico o pasajero, y gastan miles de millones de dólares al año en métodos para el control del dolor. En este capítulo, descubriremos cómo el arcángel Rafael sana espiritualmente el sufrimiento físico.

En algunos casos, el malestar cesa de inmediato, y en otros, disminuye poco a poco. Estas historias te dejarán grabada la increíble compasión que Rafael tiene con aquellos que padecen dolor. Asiste a los necesitados, ayudándolos a sentirse sanos y bien.

Prevención milagrosa del dolor

Sin duda, el arcángel Rafael alivia y elimina el dolor, pero también evita que se presente. La historia de Rose Nickerson es milagrosa y muy conmovedora (toma un pañuelo antes de empezar a leerla):

> *Estaba en el hospital, muy enferma y asustada. Unos días antes me había desmayado y los doctores no sabían qué tenía. Todas las pruebas resultaron no concluyentes. Tenía los brazos inflamados y amoratados por todas las tomas de sangre e inyecciones, ya que soy pequeña y tengo venas muy delgadas.*
>
> *Era muy temprano en la mañana cuando una enfermera vino a tomar otra muestra de sangre para ver si sangraba internamente. ¡Le ordenaron tomar 15 frascos! Y como mis brazos estaban tan lastimados, tenía que sacarme la sangre de la mano, ¡el lugar más doloroso!*
>
> *Me daban miedo las agujas y tenía tanto dolor, que lloré. La enfermera dijo: "Lo siento mucho, pero tengo que hacerlo", y me dio diez minutos para que me preparara mentalmente mientras traía todo el equipo.*

Había llevado conmigo el libro Los milagros del arcángel Miguel *y recordaba que había leído que Miguel y Rafael trabajan juntos.*

Así que dije una y otra vez: "Por favor, queridos arcángeles Miguel y Rafael, les pido que me ayuden a pasar por esto lo más pronto y lo menos dolorosamente posible. ¡Por favor, acudan a mí y anulen mi miedo, mi ansiedad y mi dolor!".

La enfermera regresó, me pidió que me acostara y subió la cama. Cerré los ojos y visualicé la luz verde sanadora de Rafael envolviéndome, y sentí a Miguel de mi lado izquierdo y a Rafael del derecho, tomándome de las manos.

Conforme la enfermera sacaba la sangre, me sorprendía que no sentía dolor alguno. Estaba tibia y tranquila, incluso serena, mientras ella extraía los 15 enormes tubos de sangre de mi mano. Tardó como 20 largos minutos, y ni siquiera sentí una punzada. Volví a recostarme en la almohada y agradecí la ayuda de los hermosos arcángeles.

Después, le comenté a la enfermera que había rezado a los ángeles, ella me sonrió y me dijo: "Siempre están aquí para nosotros, sólo tenemos que pedirles que nos ayuden".

Más tarde, ese día, se confirmó que no tenía sangrado interno y que era una infección bacteriana la que me tenía tan enferma. Recibí tra-

tamiento y dos días después me fui a casa, sin más pruebas, ni agujas.

El relato de Rose ilustra la impresionante capacidad de Rafael para ayudar a aquellos que lo necesitan con urgencia. Hace posible lo que parece imposible. En situaciones desesperadas, como la de ella, lo único que puedes hacer es rezar.

Aunque el caso de Silvia no era tan desesperado como el de Rose, tampoco tuvo más opción que pedirle a Rafael que evitara el dolor. Cuando se le infectó una muela, el dentista recomendó que la extrajeran. Pero como Silvia no toleraba la anestesia, ni los sedantes, invocó a Rafael. Así, le dijo al dentista que sacara la muela infectada sin medicamentos. El dentista no estuvo de acuerdo con esta decisión porque dijo que le dolería muchísimo. Silvia sabía que era la decisión correcta, y finalmente convenció al doctor.

Dos días antes de la extracción, Silvia se concentró, haciendo meditación, oraciones y plegarias al arcángel Rafael. Le pidió que la protegiera del dolor y de las complicaciones.

El día de la extracción, Silvia le dijo al dentista: "No pasa nada. No estaré aquí, sino en el bosque". El doctor y ella se rieron. Mientras él se preparaba para la extracción de la muela, Silvia visualizó la energía y luz verdes del arcángel Rafael.

Con dos jalones, salió la muela. ¡Silvia no tomó medicina y dijo que no sintió dolor! El dentista estaba impresionado y le comentó que no entendía cómo era posible. Ella le explicó un poco sobre la meditación y lo animó para que la probara. La herida sanó muy poco tiempo después. Silvia dice: "Sé que estoy realmente conectada con el arcángel Rafael".

Guía Divina

El arcángel Rafael responde las plegarias de dos maneras:

1. A través de la intervención directa. Sana la situación de inmediato o poco a poco sin mayor participación.
2. A través de indicaciones intuitivas, las cuales —si las sigues— te conducirán a la sanación que pediste.

El segundo método se llama "guía Divina", lo que significa que Rafael susurra las indicaciones en tu oído interno o a tus pensamientos, o manda mensajes a tu tercer ojo o sensaciones intuitivas. Rafael te guía para que des pasos firmes que te conducen a la curación.

Reconoces la guía Divina porque es repetitiva. Tienes el impulso continuo de tomar ciertas acciones, y quizá no entiendes por qué te persigue esa idea. Pero si la rastreas en el tiempo hacia su origen, descubrirás que se presentó justo después de que pidieras la sanación.

Aquellos que escuchan a su guía Divina, siempre son recompensados; y quienes desconfían de ella o la ignoran, se quejan de que Dios no responde a sus plegarias. Pero si no prestamos atención a la guía Divina, es porque los humanos ignoramos la mano que nos extiende el Cielo.

A Lisa Smith le da mucho gusto haber seguido la guía Divina, que le llegó en la forma de una voz interna. Desde la adolescencia, sufría de fuerte dolor abdominal durante su ciclo menstrual. Así que tomaba la dosis más alta de analgésicos que podía, cuatro pastillas juntas cada dos horas, porque estaba en agonía.

Los médicos le dijeron que tomara anticonceptivos, pero no le sirvieron. Entonces, un día la llevaron de urgencia al hospital porque le estalló una trompa de Falopio obstruida y que, por cierto, era la que causaba el dolor. Después de una cirugía mayor y once semanas de recuperación, Lisa pensaba que el dolor se había ido de su vida. Pero para su horror, el dolor volvió, peor que nunca, y hasta hoy, los médicos no saben por qué.

Por suerte, Lisa conoció a los ángeles a través de cursos y libros espirituales. Una noche, llamó al arcángel Rafael y, para su sorpresa, sintió una presencia de calor y amor puro. Entonces, vio con fuerza y claridad el color verde. Lisa le pidió a Rafael que la aliviara de esos dolores horribles.

Lisa recuerda:

> *Escuché que una voz interior me indicó que me sumergiera en una tina de agua caliente, colo-*

cara mis manos en la parte baja de mi abdomen y "llamara a Rafael" dos días antes de mi menstruación. No estaba segura de hacerlo, pero me pregunté: ¿Qué pierdo si lo intento?

Así, dos días antes de su periodo, siguió las indicaciones al pie de la letra. Igual que antes, sintió el calor y vio una luz verde, pero en esta ocasión sintió que alguien le ponía las manos encima. ¡El calor era muy intenso!

Aunque Lisa dudó de la efectividad de esto, para su agradable sorpresa nunca regresó el dolor y jamás tuvo que volver a tomar pastillas.

Lisa dice:

¡Fue un milagro! Todavía permito que mi ego me diga que fue casualidad. Lo único que puedo decir es que desde ese día, hago la misma sanación cada mes, y el dolor no ha regresado. Ya ni siquiera compro analgésicos. El arcángel Rafael me salvó de esconderme cada mes y vivir con miedo al sufrimiento. ¡Rafael es el ángel sanador de la mujer moderna!

Si recibes guía intuitiva y no estás seguro de que sea verdadera guía Divina, siempre puedes pedirles a los ángeles que te den señales claras de su validez. A continuación encontrarás algunas características clave que te ayudan a distinguir la guía verdadera de la falsa:

1. La verdadera guía es la respuesta a una oración; la falsa, es la respuesta a la angustia.
2. La verdadera guía es constante y repetitiva; la falsa, cambia continuamente.
3. La verdadera guía va al grano; la falsa, se anda por las ramas.
4. La verdadera guía se concentra en la acción; la falsa, se fija en: "¿Yo qué gano?" (es egocéntrica).
5. La verdadera guía es cálida y no te da miedo; la falsa, es fría y mañosa.

Una mujer de nombre Tawn Head decidió escuchar su guía Divina, con resultados espectaculares:

> *Estaba escuchando un episodio repetido de* Terapia con ángeles *en la estación de radio de Hay House. Llamó por teléfono una persona que tenía dolor y Doreen la invitó a que pidiera a Rafael que hiciera su trabajo de sanación.*
>
> *Así que le pregunté a Rafael qué podía hacer para aliviar el dolor que sentía en los pies. Escuché en mi cabeza, o mejor dicho, mi mente sabía:* Desintoxícate con un baño. *No sabía qué pensar de ese mensaje, ya que me bañaba todas las mañanas y en las noches tomaba baños en agua con sal. ¿Qué me quiso decir? Volví a*

preguntar y una vez más recibí la misma respuesta: Desintoxícate con un baño.

Mmmm, *pensé. Simplemente no entendí. ¿Tenía que bañarme más de una vez al día? ¿Cómo me ayudaría eso con el dolor de pies? Intenté entender la información en las siguientes dos horas.*

Después recordé el nuevo negocio de mi amiga Catherine. Me acordé que ofrecía "baños de pies con iones" en su centro de sanación holística, así que reservé una sesión con ella. Cuando llegué al centro, vi un cuadro grande, y le pregunté a mi amiga: "Catherine, ¿quién es el del retrato?".

Me contestó: "Por Dios, Tawn, es el arcángel Rafael". ¡Entonces supe que iba por buen camino! Ahora yo ofrezco baños de pies con iones en mi casa y sigo trabajando con el arcángel Rafael y los demás ángeles en formas nuevas y maravillosas.

Con la guía Divina, trabajamos en equipo con Dios y los ángeles. Cada situación y persona es tratada de manera individual y única, así que presta atención a las sensaciones o ideas repetitivas que se presentan después de que reces pidiendo la sanación. Igual que en el caso de Tawn, la historia anterior, quizá sientas que juegas al detective para desenmarañar las pistas que Rafael te da. Pero te dará mucho gusto hacer el esfuerzo y escuchar tu guía, como lo descubrió Hilda Blair.

Hilda padeció dolor de espalda durante siete años. Los tratamientos con dos quiroprácticos, con dos acupunturistas y la terapia física, sólo aumentaron su sufrimiento. Entonces, alguien le habló del arcángel Rafael, a quien de inmediato le pidió que le quitara el dolor de espalda.

Al instante, Hilda recibió la guía interna de dejar el ejercicio o la terapia física. Después, le pidieron que se estirara en su cama antes de dormir. También le dijeron que se visualizara bailando y sintiendo ningún malestar. Hilda hizo caso a la guía y en un mes, dejó de sentir dolor, que hasta hoy no ha regresado.

Hilda dice que aprendió que...

> *los ángeles a veces nos asisten susurrándonos al oído lo que debemos hacer para ayudarnos. Hoy sé que mis ángeles me conducen a lo que necesito hacer a través del conocimiento o guía internos. En ocasiones sí hace falta que intervenga el médico, pero también sé que al arcángel Rafael está cuando lo necesito.*

A veces, el arcángel Rafael trabaja como terapeuta físico del cielo, guiando a la gente que sufre dolor a que flexione los músculos. Cuando una ex enfermera de nombre Karen Forrest se torció la espalda, quitando nieve de la entrada de su casa, de inmediato llamó a

Rafael. Karen apenas podía caminar cuando pidió ayuda al ángel sanador.

En cuanto invocó al arcángel Rafael, Karen sintió su reconfortante presencia. Tuvo sensaciones de calor y cosquillas alrededor de su espalda. Incluso visualizó rayos de luz verde sanadora envolviendo su espalda y su cuerpo. Se sintió aliviada al saber que Rafael la ayudaría a sanar de manera natural.

En silencio, Karen pidió al arcángel que le hiciera saber qué necesitaba hacer en su proceso de sanación. Ese día y al siguiente, le indicaron que se acostara cuatro veces durante 20 minutos para recibir sanación continua y darle a su cuerpo la oportunidad de recuperarse.

Hay que admitir que el primer día fue muy fácil porque no estaba en condiciones de moverse. Pero el segundo se sintió mucho mejor, aunque por instinto sabía que necesitaba descansar para continuar con las sesiones de sanación angelical. Cosa que no fue sencilla de cumplir porque es una persona muy ocupada a la que no le gusta acostarse. Así que prefirió ignorar el ligero malestar de la espalda y seguir trabajando. Pero Karen sentía la urgencia interna de recostarse un rato, e hizo caso.

Casi se salta la cuarta sesión de sanación del segundo día por la carga de trabajo administrativo. Pero escuchó con claridad: "Ve a acostarte". Sabía qué significaban esas palabras, así que de inmediato dejó de trabajar para ir a su última sesión de sanación angelical. Igual que en las sesiones anteriores, sintió la presencia tranquilizadora del arcángel Rafael, además del calor y el cosquilleo en la espalda. También le encantó ver los hermosos rayos verdes de luz sanadora envolviéndola.

Karen dice: "Para el tercer día, volví a la normalidad. Por mi formación como enfermera, sé que médicamente la lesión que tuve tarda por lo general una semana en sanar. Agradecí profundamente mi impresionante sanación angelical".

Confía en que el arcángel Rafael sabe exactamente cómo curar tu condición. Repito, si no sabes si la guía es la correcta, pídele que la repita, la aclare o verifique su mensaje. No te preocupes por ofender a Rafael con tu impertinencia o tu ingratitud, está completamente concentrado en restablecer tu paz mental por medio de la salud.

A veces, la guía Divina de Rafael consiste en una "tarea" designada para aumentar tu fe en la sanación. Como ya lo he dicho, el Cielo no puede violar tu libre albedrío. Así que si una parte de ti se resiste a la sanación, Rafael puede ayudarte a abrir la puerta para que aceptes con libertad su energía milagrosa.

Lina necesitaba esa ayuda, y Rafael la guió a que encendiera velas como puntos centrales para que pudiera llegar con claridad al punto de querer la sanación y tener la certeza de que merece la ayuda del Cielo. Ella había padecido tensión muscular en el cuello y la cabeza durante ocho años y controlaba el dolor con asistencia quiropráctica. Pero en 2007 el dolor empeoró, causando que su cuerpo tuviera espasmos tipo calambres que duraban hasta una semana. Era muy molesto y la incapacitaba. Peor aún, ningún medicamento le servía y los resultados de las pruebas no indicaban causas subyacentes.

Por eso Lina decidió invocar al arcángel Rafael para pedirle ayuda. En la semana de Pascua de 2008, fue guiada a encender seis velas blancas durante seis días seguidos. Visualizó la luz sanadora verde de Rafael alrededor de su cuerpo y le agradeció su amor, su sanación y su protección. ¡Desde entonces no ha presentado ninguna tensión muscular!

Las velas aumentaron la claridad, la concentración y la fe de Lina. Y lo mismo hicieron las meditaciones, en las que visualizaba su cuerpo envuelto en luz verde, que es una manera de invocar la presencia sanadora de Rafael. Además, Lina usaba "afirmaciones positivas", agradeciendo al Cielo su ayuda antes de recibirla. Ésta es una forma eficaz de incrementar la fe porque las afirmaciones te ayudan a creer en los milagros, y la fe abre la puerta a la sanación.

En ocasiones, Rafael guía a la gente hacia el sanador adecuado. Cuando sucede esto, nosotros decidimos si seguimos su guía y sus pistas, porque la persona quizá cuente con habilidades o herramientas para liberar los bloqueos del bienestar. Rafael guía a las personas hacia sanadores de medicina tradicional y alternativa.

Carmen fue enviada con una de las que hicieron mi curso de certificación como Practicante de Terapia con Ángeles, y a cambio recibió una sanación profunda:

> *Padecía dolores crónicos en mi cadera y pie derechos, los cuales según el quiropráctico se debían a que caminaba descalza en el piso de mosaico. Los arcos que usaba en mis zapatos me dieron alivio, hasta que subí de peso y el dolor volvió después de mi segundo embarazo.*
>
> *Aunque bajé el peso que me sobraba y seguía usando los arcos, el dolor continuaba. Un día, leí un artículo de un terapeuta de ángeles de la zona y la llamé para una consulta. Ella pasó la mano sobre mi pie y pierna durante la sesión, mientras agradecía al arcángel Rafael su sanación. El dolor desapareció de inmediato, y meses después ya no me duele el pie y sólo tengo un ligero hormigueo en la cadera. Creo completamente que el arcángel Rafael me curó, y todos los días agradezco esta sanación.*

Me da gusto escuchar que Carmen le dé todo el crédito al arcángel Rafael. Aunque la practicante invocó la energía, fue el Cielo el que sanó a Carmen. Esto es algo en lo que hago énfasis en mis clases para que los practicantes no escuchen al ego cuando hacen una sanación exitosa. Siempre, toda la gloria es de Dios.

Nuestro único mérito es ser buenos escuchas y abrir los conductos de la energía sanadora Divina.

La guía Divina no siempre es profunda o exótica. Muchas veces interviene el sentido común, que conduce a la reducción o cese del dolor, como lo descubrió una sanadora de nombre Gillian Smalley cuando decidió correr maratones a los 42 años.

Al principio, Gillian entrenaba para sus carreras alternando caminatas con la acción de correr, hasta que poco a poco logró correr diez kilómetros (seis millas aproximadamente). Pero durante una carrera, el dolor en la espinilla derecha se volvió insoportable. Gillian no quería detenerse, así que bajó el paso y le pidió al arcángel Rafael que por favor le quitara el dolor. Cuando recibió el mensaje de que caminara, argumentó que estaba empezando a *correr* muy bien.

Luego de dos canciones de su iPod, Gillian volvió a recibir el mensaje de que caminara. ¡La verdadera guía Divina es repetitiva! Así que obedeció y dos canciones después, corrió de nuevo. Felizmente, Gillian terminó de correr los diez kilómetros. Ahora, si alguna vez siente dolor cuando está corriendo, le pide ayuda al arcángel Rafael de inmediato. ¡Con la asistencia de Rafael, ha logrado correr siete divertidas carreras sin dolor!

Rafael trabajó como entrenador de Gillian, y yo tuve una experiencia similar hace poco que hice un triatlón de 6.2 kilómetros. Cuando me empezó a arder el cuádriceps, le pedí al arcángel Rafael que me ayudara, y corrí el resto de la carrera sin esfuerzo y cómodamente.

Sanación milagrosa instantánea

Como ya lo hemos dicho, a veces el arcángel Rafael sana con guía Divina en forma de asignaciones e indicaciones intuitivas. Aunque en otras ocasiones, va directo al cuerpo de las personas y alivia el dolor de inmediato. ¿Por qué no sana a *todos* instantáneamente? Sólo puedo deducir que Rafael ofrece guía porque es parte del crecimiento espiritual de la persona, o porque su misión es aprender sobre cuidados y sanación espiritual.

Aunque la sanación espiritual también contribuye al crecimiento espiritual porque aumenta la fe y la confianza en el poder protector del Cielo, como descubrió Sandi Mallam al someterse a pruebas médicas, luego de una hemorragia cerebral, que revelaron que tenía un tumor en el cerebro. Mientras estaba hospitalizada, Sandi presentó migrañas, que los médicos atribuyeron a la hemorragia.

Antes de darla de alta, le recetaron medicina para el dolor, y durante los dos años siguientes recibió tratamiento en una clínica para el dolor. Aunque le cambiaron el medicamento cinco veces e intentó con acupuntura, el dolor no cesaba. Los doctores le dijeron que tenía que aprender a vivir con él.

Pero Sandi no quería vivir con el dolor, así que le pidió al arcángel Rafael que la aliviara. Salió a tomar aire fresco, con la idea de que eso la ayudaría, y 15 minutos después notó que se sentía diferente, pero no sabía por qué. Luego lo descubrió: ¡su migraña había desaparecido!

Sandi corrió a su casa a decirle a su esposo que después de tener un dolor constante en la cabeza durante años, había desaparecido de repente.

Sandi dice: "Haberme liberado del dolor después de tantos años fue mucho más valioso que ganar la lotería. Todos los días doy gracias al arcángel Rafael por escuchar mis oraciones ese sábado en la mañana, ahora los ángeles son parte importante de mi vida".

Me encantan las historias en las que Rafael cura al instante padecimientos añejos, como el de Sandi. Imagínate lo libre que debe sentirse después de vivir en esa agonía durante tantos años. Los ángeles tienen la solución para que lleves una vida sin dolor, pero primero debemos darles permiso y abrir la puerta de par en par para que hagan su trabajo de sanación.

Es probable que Rafael haya guiado a Lukas Tobler para que leyera sobre el trabajo de sanación del arcángel, ya que una vez que lo descubrió y le pidió ayuda, el ángel sanador estaba listo para asistirlo. En ese instante, el padecimiento de años de Lukas desapareció de inmediato.

Cuando era adolescente, Lukas se sometió a una cirugía en la muñeca derecha para que le quitaran un ganglio que le provocaba mucho dolor. La operación salió bien, sólo que redujo el rango de movimiento.

Años más tarde, Lukas empezaba a trabajar con los ángeles e invocó al arcángel Rafael para que sanara su muñeca. Quedó sorprendido al experimentar el alivio instantáneo del límite de movimiento.

Lukas dice: "Lleno de sobrecogimiento y gratitud, seguí moviendo la muñeca con su recién adquirida movilidad. Incluso años después, puedo doblarla con un rango completo de movilidad".

Además de los problemas crónicos, Rafael también sana al instante lesiones recientes. Candace Pruitt-Heckstall se lastimó en una clase de yoga y recibió la ayuda inmediata de Rafael. Uno de los muchos beneficios del yoga es la capacidad para aumentar nuestra conciencia psíquica. Candace vio físicamente, con su tercer ojo, el tratamiento de sanación de Rafael:

> *Mi esposo y yo estábamos en una intensa sesión de yoga en la que debíamos estirarnos y respirar durante periodos de tiempo prolongados. Si los movimientos no se hacen correctamente, es muy fácil lastimar los músculos. Habíamos pasado a un movimiento en particular en el que estirábamos los brazos hacia arriba cuando sentí dolor en el hombro derecho. Ya antes me había lastimado ese hombro, pero en esta ocasión fue muy doloroso. Mentalmente, dije:* ¡Rafael, ayúdame!
>
> *De repente, tuve la visión clara de una persona que me cosía el hombro con una aguja larga e hilo verde esmeralda. Después vi que alguien*

tomaba una aspiradora pequeña, de mano, y succionaba el dolor. Sabía que el arcángel Rafael estaba sanando mi dolor, ¡y así fue!

Alivio gradual

A veces, las sanaciones de Rafael tardan más. Después de leer cientos de historias, llegué a la conclusión de que es muy ventajoso seguir pidiendo ayuda hasta que la recibimos. Las plegarias repetitivas ayudan a preparar a la mente para aceptar la asistencia. En otras palabras, son catalizadores que abren la puerta a la sanación de Rafael. Y en el momento en el que estás listo para aceptar su ayuda, la recibes, como le sucedió a Anne-Marie Saunders.

Cuando Anne-Marie estaba embarazada, se le dislocó la pelvis, pero la lesión nunca sanó y le causaba dolor todos los días. Le inyectaron esteroides para controlar el dolor, pero el malestar empeoraba. Anne-Marie se sentía mal estuviera parada, sentada o acostada. El médico dijo que la única opción era la cirugía, pero corría el riesgo de que se le tronara la placa pélvica.

Desesperada, Anne-Marie pidió a Rafael que la aliviara para que no tuviera que operarse. Casi inmediatamente, sintió cómo cambió la energía de la habitación, como si cada célula de su cuerpo se "detuviera" un segundo. Experimentó una sensación extraña alrededor de la pelvis, como si millones de arañitas hicieran una telaraña de un extremo a otro de ella —fue la única manera que encontró para describirlo—. Eso continuó un rato, y conforme pasó el tiempo se quedó dormida.

Al día siguiente, el dolor era menos intenso. Siguió llamando a Rafael todas las noches al irse a la cama. A veces, la pelvis se le calentaba mucho; otras, sentía un dolor agudo y tenía que pedirle a Rafael que no lo hiciera tan rápido. Cada noche, durante dos meses, Anne-Marie invocó a Rafael para pedirle que la aliviara, y cada día era un poco más fácil.

Después de dos semanas, pudo volver a manejar distancias cortas. Luego de seis semanas, dejó de usar bastón para caminar. Hoy, han pasado tres meses, está mucho mejor y pasa varios días sin dolor.

La paciencia y las oraciones diarias sanaron a Anne-Marie, así como seguir la guía Divina ayudó a otras personas, según las historias de este capítulo. En el siguiente, conocerás más sobre cómo Rafael cura enviando a la gente con el médico adecuado. La clave es pedir ayuda sin pensar en cómo tendrá lugar la sanación. Recuerda que todas las plegarias de ayuda son escuchadas y respondidas, y que *tu* respuesta será hecha especialmente a tu medida.

Capítulo 3

Rafael asiste a los sanadores

"Querido arcángel Rafael, gracias por guiarme con el mejor sanador para mi salud y la misión de mi vida Divina. Gracias por abrirme el camino para recibir el mejor tratamiento. Gracias por apoyarme en todos los sentidos porque hoy estoy completamente sanado".

LA ATENCIÓN de Rafael está enfocada en la salud de la gente. Es un sanador incansable con una cantidad ilimitada de técnicas de sanación. El arcángel también asiste a aquellos que *son* sanadores, o a quienes quieren convertirse en sanadores profesionales.

Si ya eres o estás a punto de ser sanador, puedes estar tranquilo sabiendo que Rafael está guiando tu carrera (en el entendido de que pidas su ayuda y sigas la guía que te dé). La función del arcángel es la de ser abogado del sanador y del paciente, enviando a los enfermos con los mejores asistentes de la salud.

El servicio de referencia médica de Rafael

Como si no fuera bastante estresante enfermarse, además tienes la enorme tarea de elegir y pagar al mejor médico. Cuando estás tenso por la enfermedad, es difícil pensar con claridad en la elección del doctor. Por suerte, el arcángel Rafael puede llevarte al tratamiento adecuado si se lo pides, como lo hizo Denise.

Al esposo de Denise lo diagnosticaron con una seria enfermedad precancerosa en el esófago. Los médicos dijeron que lo único que le quedaba por hacer era someterse a cirugía para extirparle la mayor parte del esófago. Se trataba de un procedimiento peligroso y tenía que realizarlo un cirujano con experiencia en ese tipo de operaciones.

Su doctor les sugirió que la cirugía se llevara a cabo en el vecino Boston, en alguna de las estupendas instalaciones médicas de allí. Pero no hizo una recomendación en especial, y Denise y su esposo se quedaron solos, asustados y dudosos sobre qué hospital o cirujano elegir. Sólo tenían las indicaciones de su médico de "encontrar a alguien que supiera realizar esa operación como si se lavara los dientes".

Entonces, Denise les pidió a Dios y al arcángel Rafael ayuda y guía cuando empezó a buscar en Internet hospitales y médicos en Boston especializados en dicho procedimiento. Imagina su confusión cuando encontró varios doctores en diferentes hospitales. No sabía a quién elegir mientras revisaba la lista de nombres. Pero siguió pidiendo la guía del arcángel.

De repente, sobresalió el nombre de uno de los médicos porque se llamaba Rafael. En cuanto Denise lo vio, supo que era la respuesta a sus plegarias. Dio "click" en el enlace y encontró en qué hospital trabajaba en Boston, así como toda su información. Incluso había una dirección de correo electrónico para ponerse en contacto directo con él y hacerle preguntas. Enseguida le escribió un mensaje explicándole la situación. En unas horas, el doctor respondió pidiendo la información del esposo, y le dio una cita para verlo casi de inmediato.

Fueron a verlo y descubrieron que era el pionero de ese procedimiento y uno de los mejores cirujanos del país. La gente lo visitaba de todo el territorio para que los operara. Y su seguro médico cubría los honorarios, lo que era un milagro en sí mismo.

Pero la historia no termina aquí. Conforme se acercaba la fecha de la cirugía, su aprensión crecía y el miedo se instaló. Después de todo, era una operación peligrosa. Sus temores estaban en el punto máximo un día antes de la operación cuando Denise y su esposo se subieron al auto para dirigirse a Boston. No habían avanzado mucho cuando el temor de Denise se convirtió en pánico, y quedó casi inmovilizada.

En su mente y en su corazón, pidió la intervención al arcángel Rafael para que le mandara una señal de que la cirugía saldría bien. Más tardó en hacer la petición, que un auto que venía en la lateral del camino se colocó frente a ellos. Para la absoluta sorpresa e intensa alegría de Denise, la placa del auto era de adorno y decía “RAFAEL”.

En ese preciso momento, Denise supo que no importaba qué sucediera, iban a estar bien. Estaba segura de que el arcángel Rafael los acompañaba y que habían elegido al médico adecuado. Inmediatamente se llenó con una increíble sensación de paz y tranquilidad, y lágrimas de gratitud rodaron por su rostro.

Siete años más tarde, su esposo está muy bien y aún sigue visitando anualmente a la eminencia de médico al que los envió el arcángel Rafael.

Denise vio y confió en las señales del cielo, que la condujeron al médico elegido por Rafael. Es cierto que para esto se requiere fe, ya que no faltará quien diga que las señales son coincidencia. Los ángeles hacen todo esto cuando nos ofrecen su guía. La manera de llegar a una solución con ellos es no llenarse de prejuicios y seguir las pistas que nos dan.

Rafael no sólo te lleva con el médico adecuado, también te consigue una cita en la apretada agenda del doctor, como descubrió Amber. Un año antes, se dio cuenta de que su hijo de un año tenía un ganglio linfático crecido. Así que llamó al consultorio del pediatra, pero le dijeron que no había citas y que tenía que ir al dispensario (o clínica ambulatoria).

Pero no le agradó la idea de llevar un problema como ése a un dispensario, y la intuición no paraba de decirle que de todas maneras fuera al consultorio del pediatra. De camino, Amber le pidió al arcángel Rafael que ayudara a sanar a su hijo y le consiguiera el tratamiento que necesitaba.

Cuando llegó con el pediatra, Amber pidió que el doctor revisara a su hijo y le dijeron que sí. Después del examen, el médico le sugirió que visitara a un especialista que se había portado de maravilla con su hijo y que era una eminencia en su campo.

Resultó que el hijo de Amber tenía una infección por estafilococo que se aisló en ese ganglio linfático en lugar de extenderse a todo el cuerpo. El doctor drenó el líquido del ganglio. Con una serie de antibióticos, la infección cedió y dejaron el hospital. Amber cree que si no hubiera hecho caso a los mensajes que le envió el arcángel Rafael, su hijo se hubiera enfermado más.

Amber dice: "Gracias al arcángel Rafael por mandarme con los médicos adecuados. Creo que evitó que la infección se expandiera y guió a los doctores para que le dieran el tratamiento correspondiente. Estoy muy agradecida por toda la ayuda".

Las referencias médicas de Rafael ayudan a los pacientes, pero también aseguran que los sanadores calificados tengan consultas prósperas y exitosas. Rafael sabe qué sanadores tienen intenciones honestas, talento y habilidades de primera, y le da gusto enviarles muchos pacientes.

Además de los doctores en medicina, Rafael refiere pacientes a practicantes de casi todas las modalidades de sanación.

Enfermeras que sanan con el arcángel Rafael

Las enfermeras comprometidas son verdaderos ángeles terrenales; dan mucho de sí mismas, con frecuencia por jornadas largas y muy poco reconocimiento. Con los recortes de personal en los hospitales, muchas enfermeras hacen el trabajo de varias personas y quizá hasta arriesgan su propia salud en el proceso. Por eso es doblemente importante que se familiaricen con la asistencia sanadora del arcángel Rafael. No sólo las enfermeras resultan beneficiadas con la presencia y guía de Rafael, los pacientes también reciben la extraordinaria asistencia del arcángel.

Theresa Dettinger, enfermera titulada que practica la sanación de energía, dice que cada vez que tiene una sesión de sanación, ve y siente al arcángel Rafael parado detrás de ella.

Theresa explica:

> *Veo y siento que Rafael me envuelve con sus brazos y sus alas, y vierte su energía sanadora en y a través de mí. En mi tercer ojo, esta energía es una luz verde esmeralda muy intensa, muy similar a la Ciudad Esmeralda de la película "El mago de Oz". Veo cómo este brillo emana de mis manos al cuerpo del paciente. Es la sensación más cálida y reconfortante, y estoy muy agradecida con Rafael por su amor y su asistencia.*

Karen Bishop, otra enfermera titulada, dice que el arcángel Rafael es quien la ha guiado como enfermera en los últimos 25 años. En la unidad de terapia intensiva en la que trabaja Karen, llama a Rafael cuando no encuentra una vena o no obtiene respuesta de un paciente, o se descompone el monitor. También le ayuda muchísimo con la devastada familia cuando les explica el estado médico de su ser querido, así como en las tensas interacciones con el resto del personal médico.

Karen dice: "Sin falta, Rafael me ayudó en cada una de esas situaciones. Todos deberían conocer al arcángel Rafael, que siempre acude cuando lo llamas. No sería la enfermera que soy sin su ayuda".

La enfermera Carmen Carignan considera al arcángel Rafael parte de su equipo de atención a la salud. Confía y cree completamente en la guía que él le manda. Dice: "Hago caso a su cariñosa y suave, pero firme guía. Si la ignoro, su guía se vuelve más escandalosa, muy fastidiosa, hasta que la escucho y le hago caso".

Carmen recuerda un incidente con una joven embarazada que fue ingresada en el hospital, muy angustiada. Se quejaba de fuertes dolores en un costado de la espalda y tenía vómito.

Como la mujer estaba deshidratada, Carmen intentó ponerle suero, pero no encontró una sola vena; cosa que tampoco pudo otra enfermera después de dos intentos.

Carmen dice:

> *Fue entonces cuando llamé al arcángel Rafael para que me ayudara en esta situación. Casi de inmediato, supo adonde dirigirme para insertar la intravenosa. Le pregunté a la paciente si creía en los ángeles, y su respuesta fue inmediata: "¡Sí!". Le expliqué que a mí me guiaba el arcángel Rafael.*
>
> *Cuando procedí, no vi ni sentí ninguna vena, pero era como si alguien más guiara mis manos. Confié y me dejé llevar por ella. Terminó siendo una de las intravenosas más sencillas y menos dolorosas que haya hecho. La joven mu-*

jer y yo quedamos sorprendidas, y agradecidas, por el resultado.

Médicos y científicos trabajando con Rafael

¡Es un mundo nuevo en tantos sentidos! Yo crecí en una familia que usaba métodos espirituales (como la oración, la visualización y las afirmaciones) para sanar nuestros cuerpos, emociones, finanzas y relaciones (y, como mencioné en el Capítulo 1, ¡hasta nuestro automóvil y la lavadora!). Pero la gente que sabía de nuestros métodos los consideraba raros, así que no hablábamos mucho de nuestras plegarias, más que con nuestros amigos en la iglesia.

Hoy, la sanación espiritual no sólo salió del clóset, también se enseña y se estudia abiertamente. Para mí, eso es un milagro. Hace muy poco tiempo, la relación mente-cuerpo era un concepto en el que no se creía. De hecho, en 1978, cuando estaba embarazada de mi hijo Charles, mi médico puso los ojos en blanco y sonrió cuando me quejé de que el estrés estaba afectando el embarazo. Él no veía la conexión entre la tensión y la salud física. Hoy, ya es rutina que los médicos interroguen a los pacientes sobre las tensiones relacionadas con la enfermedad que presentan.

En mis talleres de ángeles conozco con frecuencia profesionales de la salud que vienen de importantes establecimientos médicos. Lo que más me impresiona es que no tienen prejuicios. Se preocupan profundamente por conocer los secretos de la sanación porque les importa la salud de sus pacientes, aunque eso signifique recurrir a modalidades alternativas.

El número de estudios de control de la eficacia de la oración en la salud crece año con año, ¡y sus resultados son impresionantes! Hace mucho tiempo, los científicos descartaron el efecto placebo como base del efecto sanador de las oraciones (una vez que confirmaron que las plegarias sanan plantas, animales y niños).

Muchas personas a las que encuesté dicen que prefieren contar con un médico que rece por su salud. Así que es alentador ver que la espiritualidad se enseña en las aulas médicas y que la doctora en medicina Sanja Perko la practica en sus consultas.

El primer encuentro de la doctora Perko con el arcángel Rafael fue en una meditación guiada en un pequeño grupo de gente. Cuando la persona que dirigía la meditación los presentó a todos con Rafael, la Dra. Perko tuvo una agradable sensación de calor y cosquilleo. Después vio hermosos pilares de luz verde y plateada que empujaban su cabeza hacia arriba y atrás. Sentía que flotaba en el aire, como si hubiera salido de su cuerpo.

La doctora Perko recuerda:

> *De repente, tuve un pensamiento muy claro:* Eres sanadora. Rafael te ayudará. *Al principio, estaba muy sorprendida, y después pasé mucho tiempo analizando esta experiencia. Sentí que*

mi vida era un gran rompecabezas y que ese maravilloso pensamiento era la última pieza.

A través de la presencia y los mensajes de Rafael, a la doctora Perko le quedó claro por qué no encontraba trabajo como médico cuando terminó la escuela de medicina, por qué no podía trabajar ocho horas en el consultorio todos los días como su papá y su hermana, por qué le atraía tanto la herbolaria y la aromaterapia, y por qué siempre tenía la sensación de que había algo más que descubrir y aprender.

La doctora Perko dice:

Estoy muy agradecida con el arcángel Rafael por su ayuda y su guía. Cada mañana a partir de ese día, doy gracias a mis ángeles por su amor y su protección. Cuando mis hijos se enferman, los trato con remedios herbales y aceites esenciales y, claro, siempre pido ayuda a Rafael para que los alivie. Y siempre lo hace.

Para la doctora Perko, la experiencia de trabajar con Rafael despertó su conocimiento y respeto por el poder sanador del arcángel. De la misma forma, la siguiente historia muestra cómo las palpables sensaciones de energía que emana Rafael llevaron a otro profesional de la salud a creer.

El científico Diego E. Berman trabaja en el prestigioso Centro Médico de la Universidad de Columbia, y admite abiertamente su interés en investigar métodos de sanación alternativa. Para el doctor Berman, es parte del trabajo de un científico investigar cada aspecto de la sanación en caso de que haya algo que pudiera ayudar a los pacientes. El doctor explica: "Como científico interesado en mejorar la calidad de vida del paciente, investigo métodos de sanación en los niveles físico, emocional y espiritual".

A pesar de que es una persona sin prejuicios, su credulidad fue puesta a prueba cuando una amiga le ofreció una "sesión con ángeles". El concepto de hablar con los ángeles excedía el estructurado sistema de creencias de su mente científica.

Recuerda: "Sin embargo, en el instante en el que mi amiga inició la sesión, todo cambió en mi interior. Pude sentir la energía de los ángeles que nos envolvía. Estaba sorprendido, fue una experiencia muy alentadora, y estos seres angelicales tocaron las fibras más profundas de mi ser".

La sesión con ángeles abrió una puerta espiritual para el doctor Berman. ¡Se comunicó con los ángeles! La semana siguiente, cuando llevaba a cabo una sesión de sanación, escuchó una profunda, pero tranquilizadora voz masculina que lo guiaba a enviar energía a una parte diferente del cuerpo de la persona.

El doctor Berman recuerda:

Mientras mi mente intelectual trataba de darle sentido a esa voz, vi una nube de fuerte energía de colores que se acercaba flotando hacia mí desde el lado izquierdo de mi campo visual. Después escuché las palabras: Soy Rafael, y estoy aquí para ayudarte y mejorar tu capacidad para sanar.

Cuando se pronunciaron esas palabras, un delgado hilo de energía salió de esa nube y se fundió con mi campo de energía alrededor de mis manos. Sentí que aumentó la energía que estaba mandando.

Así, Rafael me guió para llevar a cabo la sanación, y desde entonces está conmigo en cada una de las sesiones de sanación. Su presencia es sumamente reconfortante, tranquilizadora y profesional. Lo llamo para que me aconseje en todas las situaciones, y siempre está disponible para sugerir las mejores maneras de mejorar el proceso de sanación.

¿No te sientes agradecido por vivir en un momento y una época en la que médicos y científicos se permiten creer en los ángeles y la sanación espiritual, y que admiten sus creencias abiertamente? Claro que el arcángel Rafael tiene su manera de convertir escépticos en creyentes, como lo descubrió la científica Johanna Vandenberg.

La doctora Vandenberg tiene un doctorado en estudios geriátricos, y es terapeuta con ángeles. Recuerda que trabajó con un escéptico que se convenció de la existencia del arcángel Rafael cuando vio la luz verde, sello distintivo del arcángel:

> *Un hombre visitó mi consultorio en la ciudad de Nueva York para una sesión de terapia espiritual. Inicié con la pregunta de siempre: "¿En qué puedo ayudarlo?".*
>
> *Se cruzó de brazos y respondió en voz alta: "¡Usted dígame!", mientras me miraba enojado.*
>
> *Suspiré y pedí en silencio:* Arcángel Rafael, por favor, ayúdame con esta persona. *De repente, el hombre saltó y se sentó derecho en la silla, con los ojos bien abiertos. Yo también salté, pues me asustó.*
>
> *Cuando le pregunté qué sucedía, me dijo despacio: "¡Hay una luz verde entre nosotros, frente a usted!". Entonces, lo tranquilicé diciéndole que era la señal de que el arcángel Rafael había venido a ayudarnos.*
>
> *No respondió nada, así que le pregunté si se sentía bien. "Sigue aquí", contestó. Para cuando terminó la sesión, habían desaparecido su ira y su agresión. Volvió para varias sesiones en las que conoció a los ángeles y las hadas. Hoy, es un hombre feliz, sano y próspero que enseña a otras personas sobre los ángeles, ¡sobre todo el arcángel Rafael!*

La doctora Vandenberg trabaja con Rafael para ayudar a sus familiares y amigos que lo necesitan. El papá de su ahijado tuvo un ataque de asma y lo conectaron a un respirador casi una semana, y fue a verlo al hospital. Tenía el rostro muy cenizo y apenas estaba consciente.

Entonces, la doctora Vandenberg se sentó a su lado y pidió ayuda al arcángel Rafael. Telepáticamente, le dijo al señor: *Voy a pedirles a los ángeles que te ayuden, pero primero tengo que saber si quieres vivir*, porque sabía que no podía forzar a la gente a quedarse si querían partir.

Durante un rato, no escuchó nada, pues él dormía profundamente. Pero luego escuchó una tenue voz, y él le susurró telepáticamente que sí.

Así, le pidió a Rafael que limpiara la habitación de energías negativas. Con la ayuda del ángel sanador, la doctora Vandenberg envió luz y energía a las zonas a las que fue guiada para aliviar la congestión del señor.

Recuerda:

> *Varias horas después, su esposa llamó para decir que cuando me fui, su rostro poco a poco recuperó su tono rosado, ¡y esa noche le quitaron el respirador!*
>
> *Esto sucedió en 2006, y hasta hoy, es un padre fuerte y sano que cría a varios hijos y se convirtió en médico homeópata. No recuerda nada, pero su esposa me agradeció mucho, aun-*

que tuve el cuidado de darle todo el crédito a Rafael y a los ángeles.

Otros sanadores que trabajan con Rafael

Desde 1995, cuando empecé a enseñar sobre ángeles, muchos psicoterapeutas han tomado mi curso de Terapia con ángeles. La mayoría de los terapeutas son sanadores honestos que carecen de prejuicios, sensibles a las sensaciones emocionales y físicas. Sienten la presencia y los mensajes intuitivos de los ángeles, quizá porque están capacitados para sintonizarse con los sentimientos de los pacientes.

También he trabajado con varios psicoterapeutas que combinan las medicinas tradicional y alternativa con la salud mental, en beneficio de todos. Los sanadores que trabajan de cerca con los ángeles, como la terapeuta Kristy M. Ayala, saben que el Cielo guía sus sesiones de sanación en todos los sentidos.

Cuando Kristy se cansó de la psicología tradicional, decidió que estaba lista para tomar una nueva línea de trabajo, aunque no estaba segura de cuál sería. Así que dedicó tiempo a meditar y a rezar, hasta que recibió la guía de trabajar como terapeuta y sanadora espiritual. Kristy quería esa carrera, pero no sabía cómo avanzar y empezar a atender pacientes en este nuevo sendero.

Por eso, le pidió al arcángel Rafael guía y recursos para dedicarse a ese trabajo de tiempo completo. Pidió apoyo para recibir la capacitación que necesitaba y entrar sin complicaciones a ese camino.

Kristy recuerda:

> *Constantemente, el arcángel Rafael intervino para traer a la gente adecuada, los recursos financieros y las oportunidades para ampliar mi capacitación. También me brindó el apoyo emocional, espiritual y físico que solicité. Además, el arcángel Rafael hizo sanaciones en mi persona para liberarme de cosas y bloqueos que ya no me servían, lo que después me permitió avanzar con más facilidad en este sendero.*
>
> *El arcángel Rafael también trajo pacientes con los que tengo una química perfecta, lo que me ha funcionado en la terapia y la sanación. Él ha sido un regalo de Dios, que me ha permitido acoger mis dones para completar mi misión Divina de esta vida.*

Las personas que practican terapia física y corporal suelen mencionar que interactúan con los ángeles de la guarda de sus pacientes. Estos profesionales del cuidado de la salud me recuerdan a los pilotos y los astronautas que no saben si pueden hablar abiertamente de los OVNIS que han visto. Cuando tocas el cuerpo de alguien, entras en contacto con su campo de energía, el cual es medido científicamente por instrumentos como las tomografías axiales computarizadas. Entonces, ¿te sorprende que los terapeutas físicos también entren en contacto con la energía de los ángeles que acompañan a sus pacientes, como le sucedió a la sanadora de nombre Mary?

Mary estaba sentada junto a una paciente que estaba acostada en su cama de masaje. Tenía las manos en las sienes de su paciente cuando de repente escuchó en el oído derecho una voz retumbante que le decía: "*¡Rafael!*". Y luego volvió a *escucharla.*

Mary no sintió miedo, sólo se sobresaltó con la voz. De inmediato, sintió la energía de este ángel en todo su cuerpo y en la habitación. Sobra decir que el tratamiento fue muy fuerte y emocional.

Después de la sesión, Mary tuvo el valor de decirle a su paciente lo que había sucedido. Esperaba que la mujer no tuviera prejuicios y pensara que estaba loca. Al escuchar a Mary, se quedó paralizada, pálida e inexpresiva. El corazón de Mary se le fue a los pies y temió que su paciente saliera como rayo de la habitación y no volviera a verla.

En lugar de eso, la mujer le dijo en voz baja: "Vino porque se lo pedí". Entonces, le explicó que tenía dos días pidiéndole ayuda al arcángel Rafael. La historia de Mary fue la señal de que él escuchó sus plegarias. No hubo duda de que estuvo allí. La energía de la habitación era palpable.

Desde ese día, Mary trabaja con los arcángeles Miguel y Rafael. Cada vez que les pide ayuda, siente su energía en el cuarto. Sabe que Rafael fue ese día para calmar y cumplir con su paciente, pero no puede evitar pensar que también vino a presentarse y hacerle saber que podía serle de gran ayuda. Mary se siente bendecida por haber vivido esa experiencia.

La historia de Mary se parece a otros relatos que he escuchado de terapeutas corporales y masajistas que han conocido a los ángeles, trabajando con sus pacientes. Y a la inversa también es cierto, pacientes que sienten y ven a Rafael en sus sesiones de sanación se vuelven creyentes.

Por ejemplo, una reflexóloga que pidió ser identificada como Karen G. invoca al arcángel Rafael para enviar energía sanadora a sus pacientes a través de sus manos. Karen comenta: "Algunos pacientes dicen que ven un resplandor verde que sale de mis manos antes de la sesión de reflexología. Otros cuentan que ven cómo reciben la energía sanadora durante la sesión y que se sienten mejor gracias a esa energía".

En estos días muchos hospitales dan empleo a sanadores de energía, como es el caso de la Terapeuta con ángeles Tae Takiguchi Basta, quien trabaja en un hospital hawaiano. Tae recuerda que trabajó con un paciente que tenía dolor intenso en el pie. Con su tercer ojo, vio al arcángel Rafael tocando el corazón del paciente y enviándole energía sanadora. Ella nunca tocó al señor durante la sesión.

Después, el paciente le dijo a Tae que había sentido que alguien le tocaba el cuerpo. Pero las veces que abrió los ojos durante la sesión, no había nadie y Tae estaba sentada frente a él. Ella no le dijo que fue el arcángel Rafael. Después de la sanación, el dolor se acabó.

Rafael ayuda a los sanadores

Parte del trabajo de sanación del arcángel Rafael es asistir a los profesionales del cuidado de la salud. Rafael hace equipo con los sanadores en un esfuerzo por dar bienestar a la población mundial. Si tu corazón se siente atraído por las artes y las ciencias de la sanación, entonces te gustará trabajar de cerca con el arcángel Rafael en cada paso del camino.

Ésta es una oración maravillosa si estás considerando la idea de iniciar una carrera en el cuidado de la salud:

"Querido arcángel Rafael, gracias por guiar mi trabajo de sanación en todos los niveles. Te pido una guía clara con respecto a la elección de la modalidad a estudiar, apoyo para mis estudios y ayuda personal para que me abra a los niveles más elevados de las capacidades que Dios me otorgó. Por favor, asísteme abriendo por completo mi mente, mis emociones y mi

espíritu a la energía sanadora Divina;
y permite que sea el conducto perfecto
para sanar en todos los sentidos".

Si ya trabajas en el área del cuidado de la salud, puedes decir esta oración para que el arcángel Rafael llegue a tu práctica sanadora:

"Querido arcángel Rafael, gracias por
emplearme en una maravillosa
carrera de sanación y por guiarme con
claridad a las mejores oportunidades
para servir como sanador. Gracias
por apoyarme en todos los sentidos
y por enviarme pacientes y proyectos
estupendos. Hoy estoy completamente
despierto y abierto a los canales de sanación
de Dios, y permito que la hermosa luz
sanadora del Cielo se vierta sobre mí".

Si eres sanador profesional, el arcángel Rafael te guía de diferentes formas, entre ellas ayudándote:

1. A elegir una especialidad; por ejemplo, podría sacar libros del estante que estén relacionados con la sanación.
2. A encontrar la escuela o la instalación adecuada para que asistas.

3. A rezar para encontrar escuela o capacitación; podría ser dándote tiempo después del trabajo, transporte, y demás.
4. A poner tu consultorio o encontrar trabajo en un estupendo centro de sanación.
5. A conseguir clientes y pacientes, y asegurar que seas remunerado por tus servicios.
6. A hacer trabajo de sanación, dándote indicaciones mientras trabajas con pacientes.
7. A recibir proyectos, como oportunidades para dar clases, ideas relacionadas con escribir artículos o libros, y obras de caridad.

Si necesitas ayuda con cualquiera de los puntos anteriores en tu carrera como sanador, asegúrate de pedirle al arcángel Rafael que te asista. Recuerda que no puede violar tu libre albedrío y debe esperar tu permiso expreso antes de guiarte. Las palabras que uses para solicitar esta ayuda son secundarias a la acción de pedirla. Lo único que Rafael necesita es tu petición sincera y él se encarga del resto.

Una vez que pides su ayuda, Rafael pone manos a la obra con los mismos métodos que usa para sanar. En otras palabras, te da guía Divina en forma de ideas para tu trabajo de sanación, lleva a cabo una intervención directa e inmediata, o actúa poco a poco.

Rafael te ayudará en la forma que mejor convenga a tu situación y misión. Confía en que este poderoso arcángel apoyará tu trabajo de sanación en todos los sentidos.

Personas no profesionales, ni expertas que sanan con el arcángel Rafael

Por favor, no llegues a la conclusión de que sólo los profesionales capacitados pueden invocar al arcángel Rafael para sanar a otros. Rafael acude con cualquiera que desee sinceramente asistir en la sanación de otra persona (o un animal).

Sophia Fairchild estaba de viaje en Irlanda la primera vez que sintió la fuerza de las poderosas habilidades sanadoras del arcángel Rafael. Estaba con un grupo de personas en el Burren, que es una zona de 300 kilómetros cuadrados de piedra caliza que se parece mucho a la superficie de la luna. En este lugar místico hay docenas de cruces celtas, fortalezas antiguas y tumbas megalíticas. Aunque su superficie parece lisa, el Burren está lleno de peligrosas simas (cuevas subterráneas).

El viento frío ululaba por la planicie abierta, tanto que la mayor parte del grupo se fue a buscar refugio. Sólo tres personas se quedaron en el Burren, una pareja y Sophia. Entonces, ésta vio con horror cómo el hombre de mediana edad resbalaba y caía de golpe en una de las profundas simas.

Sophia recuerda qué sucedió después:

Quedó inmóvil, obviamente muy adolorido. Los gritos de auxilio quedaban ahogados porque el fuerte viento se llevaba el sonido. El señor se que-

jó y comenzó a entrar en shock. *Estábamos en medio de la nada, sin ningún tipo de protección. Mientras su esposa echó a correr en busca de ayuda, yo me quedé sola con el desconocido herido.*

Sabía que tenía que quedarme con él y ayudarlo de alguna manera, pero no tenía idea de qué hacer. Él era un médico alemán que hablaba muy poco inglés; yo no tenía conocimientos médicos, nunca había hecho ningún tipo de sanación y no hablaba alemán. Señaló su cadera y dijo: "Kaput", haciendo referencia a que estaba rota. Sin saber qué más hacer, con cuidado coloqué mi mano en su pierna y empecé a rezar para que energía sanadora fluyera a través de mí y llegara a él.

En cuanto lo hice, sentí que el arcángel Rafael estaba con nosotros. Sentí cómo el arcángel mandaba intensa luz sanadora verde al lugar de la lesión, y me sorprendió descubrirme como el conducto de ese poderoso flujo de energía.

No fue tanto que viera esta energía de color verde, sino que había una sensación *verde alrededor de la presencia del arcángel. Su aura se sentía como la atmósfera suave y reconfortante de una fresca cascada de agua en una exuberante selva. Parecía que estaban vertiendo sobre nosotros una fuente de fuerza sanadora revitalizante y que llegaba al cuerpo del hombre que yacía en las piedras.*

Le sonreí al doctor alemán y me devolvió la sonrisa en silencio. Él también sentía la reconfortante presencia del arcángel, aunque entraba y salía de la conciencia. La esposa del doctor regresó con un cobertor y nos avisó que el equipo de rescate venía en camino.

Después de esta experiencia, empecé a capacitarme como sanadora. El arcángel Rafael me enseñó que en lugar de usar nuestra energía para sanar, tenemos que hacernos a un lado para permitir que fuerzas superiores de sanación fluyan a través *de nosotros. Esto evita que nos agotemos y asegura que la energía enviada a la otra persona tenga la vibración más elevada.*

Los estudios demuestran que todas las formas y denominaciones de oraciones tienen efectos sanadores mensurables. ¡Tus plegarias producen resultados milagrosos! Y existe evidencia de que entre más gente reza, más poderosos y rápidos son los efectos sanadores.

Cuando sepas que la salud de otra persona está en riesgo, la mejor forma de ayudarla es con oración y acción guiada. Preocuparse no ayuda a nadie, pero rezar *sí*.

La amiga de Laurie Montanaro pidió oraciones para su cuñada, que se cayó de un caballo y se lastimó la cabeza gravemente. Los doctores le habían dado un uno por ciento de posibilidades de que viviera.

Laurie no conocía a la mujer, pero de inmediato le pidió a Rafael que la envolviera con luz sanadora verde, y siguió haciéndolo todos los días. Entonces, sucedió un milagro, la cuñada de su amiga despertó del coma, comenzó una terapia física y fue dada de alta del hospital.

Laurie dice: "Estoy completamente convencida de que Rafael la sanó, junto con personas de la misma opinión que enviaron oraciones positivas para que se recuperara".

Igual que el niño pequeño cuya sola voz salva al mundo de los Quien en el clásico del Dr. Seuss *Horton y el mundo de los Quién*, tu plegaria puede inclinar la balanza a favor de una sanación milagrosa. También puedes buscar grupos de oración en el centro religioso o espiritual de tu localidad, o en Internet, para pedir más oraciones.

El arcángel Rafael cura cualquier mal, y en el siguiente capítulo conoceremos la ayuda sanadora emocional y psicológica que brinda.

Capítulo 4

SANACIÓN EMOCIONAL

*"Querido arcángel Rafael, abro mi mente
y mi corazón a ti y te pido que me llenes de fe,
esperanza y felicidad. Por favor, ayúdame a sentirme
seguro y a salvo en mi presente y mi futuro. Por
favor, ayúdame a estar dispuesto a liberar viejos
rencores y enojos. Por favor, ayúdame a ver
con claridad las soluciones y las posibilidades.
Por favor, ayuda a que mi mente y mis emociones
estén sanas en todos los sentidos. Gracias".*

ALGUNAS CORRIENTES sanadoras sostienen que las enfermedades y las lesiones tienen un origen emocional. Y, sin duda, es cierto que la enfermedad y las lesiones provocan agitación emocional. La vida puede parecer mucho más estresante si tu cuerpo siente dolor o tienes que someterte a exámenes médicos y a aterradores diagnósticos.

"Salud mental" es la capacidad de sentirte feliz y tranquilo. Obvio, cuando la vida te da una sorpresa, es normal que reacciones con miedo o con ira. En una persona equilibrada, esos sentimientos se desvanecen poco a poco conforme el individuo se adapta al cambio. Existen mecanismos de defensa sanos y enfermos.

Por ejemplo, un comportamiento sano es hablar con amigos que te apoyan, hacer ejercicio, meditar o rezar. Un mecanismo de defensa enfermo o autodestructivo puede refugiarse en las drogas o el alcohol. La diferencia reside en saber si el mecanismo de defensa se inclina por la salud y la felicidad o no.

El arcángel Rafael sana tu cuerpo, pero también las emociones. E igual que en otros aspectos que trabajas con Dios y los ángeles, primero tienes que dar permiso para que el Cielo pueda intervenir. La sanación emocional de Rafael sigue el mismo patrón que sus métodos de sanación física, entre los que se encuentran tres vías:

1. Guía Divina. Recibes indicaciones intuitivas sobre los pasos a seguir que te conducirán a la sanación que estás pidiendo en tus oraciones. Esta guía puede llegar en forma de una gran idea, de pensamientos

repetitivos, un sueño, señales del cielo, o presentimientos.

2. Intervención directa e inmediata. Tú rezas y lo siguiente que sabes es que te sientes mejor.
3. Intervención gradual-dirección. Tú rezas y con el tiempo te sientes mejor.

Como expsicoterapeuta, puedo dar fe del poder y la eficacia de la sanación emocional de los ángeles. De hecho, el comentario más común que escucho de la gente que empieza a trabajar con los ángeles es: "Me siento mucho más tranquila, feliz y segura". Esos sentimientos son la base de la salud mental y emocional.

Sanando miedos, fobias y ansiedades

El miedo es un ladrón silencioso que nos roba momentos de tranquilidad. Se lleva la capacidad de disfrutar el momento presente y nos tiene nerviosos, preguntándonos qué cosa mala se nos avecina. El miedo atrae experiencias negativas con su energía baja.

La preocupación está relacionada con el miedo. Una vez, los ángeles me enseñaron que esta emoción nos conduce precisamente a lo que nos preocupa. Los ángeles me dijeron: "En vez de preocuparte, reza. La preocupación empeora las cosas, mientras que la oración las mejora".

A veces, todos nos sentimos angustiados y temerosos, y es una respuesta normal a las cosas estresantes de la vida. Por suerte, el arcángel Rafael alivia los miedos para que las tensiones comunes y corrientes se reduzcan bueno, *estresantes*. Por ejemplo, a casi toda la gente le da miedo o le duele ir con el dentista. Una mujer llamada Jenny decidió trabajar con el arcángel Rafael para aliviar esta ansiedad. Ella cuenta:

> *Invoco al arcángel Rafael cuando estoy en el consultorio del dentista, esperando a que me tape una muela o incluso que me haga limpieza. En cuanto me siento en el sillón, mi mente empieza a darle vueltas al posible dolor y los problemas que pudieran presentarse, entonces me pongo tensa y me asusto.*
>
> *Así que le pido al arcángel Rafael que me ayude, y de repente siento que me toma de la mano. Me envuelve una sensación de paz y me relajo inmediatamente. La visita termina rápido y el dolor es mínimo. Incluso sano más pronto que cuando olvido invocar a Rafael. Esto también funciona cuando voy al doctor o tengo que hacerme exámenes médicos.*

Las fobias son otra forma de miedo que se apega a cierto objeto (payasos o víboras, por ejemplo) o condición (alturas o espacios cerrados). Como generalmente las fobias tienen su origen en una experiencia aterradora, el arcángel Rafael extrae la energía del hecho que las origina.

Por ejemplo, una mujer de nombre Nan Fahey le tenía fobia a las tormentas eléctricas, así que se asustó muchísimo cuando se descubrió manejando en medio de una. Cuando la tormenta cobró fuerza, se le ocurrió pedirle al arcángel Rafael que la acompañara.

Nan recuerda:

> *Aunque era la única persona en el auto, sentí las manos de Rafael en mis hombros, y allí permanecieron hasta que llegué a casa. Su contacto me dio alivio e hizo que me sintiera tranquila a pesar de lo que estaba viviendo. Desde entonces, las tormentas eléctricas ya no me inquietan, cosa que atribuyo a Rafael.*

Las fobias suceden cuando nos sentimos incapaces de controlar el objeto de nuestros miedos. Esta experiencia sanó la antigua fobia de Nan y ahora se siente más en control, a sabiendas de que puede invocar a los ángeles cada vez que siente miedo. Tú puedes hacer lo mismo con cualquier fobia que te limite pidiéndole ayuda a Rafael, por ejemplo, con esta oración:

"Querido arcángel Rafael, gracias por disolver el miedo relacionado con mis experiencias pasadas y presentes con *[describe el objeto que te causa miedo]*. Te pido que me ayudes a sentirme tranquilo y seguro en esas circunstancias, con la certeza de que siempre estás conmigo".

Los ataques de pánico tienen su base en la ansiedad y están relacionados con sentimientos extenuantes, como la sensación de que no puedes respirar y de que estás muriéndote de un infarto. Después del primer episodio, por lo general la persona desarrolla una fobia a tener subsiguientes ataques de pánico. Entonces, este miedo se agrava y en ocasiones *desencadena* otros.

Diane Fordham había sufrido problemas de ansiedad y ataques de pánico durante muchos años. Sus ataques, que por lo general sucedían a media noche, la asustaban. Se despertaba sintiendo que no podía despertar, con el corazón latiéndole como loco.

Una noche de desesperación, decidió pedirle ayuda al arcángel Rafael. Diane recuerda:

> *Lo llamé en silencio:* Por favor, arcángel Rafael, estoy aterrada, siento que no puedo respirar, ni pensar con claridad. ¡Por favor, ayúdame! *Sentí su presencia y me descubrí respirando hondo. Me calmé, y mis pensamientos volvieron a su sitio. ¡Me relajé, pude acostarme en la cama y me dormí! ¡Gracias, Rafael!*

Igual que a Diane, el arcángel Rafael sanó los ataques de pánico de Lukas Tobler, cuya historia leíste en el Capítulo 2. Lukas tuvo su primer ataque de pánico cuando viajaba en un tren de alta velocidad, y a partir de entonces siguió presentándolos. Le daba mucho miedo morir de un infarto o de un derrame cerebral durante esos ataques.

A pesar de que Lukas conocía a los ángeles, trató de resolver el problema con lo que llama "métodos psicológicos más racionales". Así que intentó tomando antidepresivos, pero sólo consiguió sentirse peor.

Finalmente, en Navidad, aún afectado por los ataques de pánico, Lukas invocó al arcángel Rafael y a sus ángeles asistentes para pedirles que por favor lo liberaran de esa agonía. De inmediato, sintió que el arcángel Rafael lo envolvía con su energía reconfortante. Esto lo hizo sentirse más protegido.

En el lapso de dos semanas, la frecuencia de los ataques de pánico de Lukas se redujo a unos cuantos momentos de mediana ansiedad. Saber que el arcángel Rafael y sus ángeles asistentes estaban siempre allí para ayudarlo, le dio a Lukas una gran sensación de agradecimiento, alivio y esperanza. En seis meses, los ataques de pánico cesaron sin necesidad de asistencia médica.

Ésta es una oración para pedir ayuda para sanar ataques de pánico:

"Querido arcángel Rafael, por favor envía tu energía sanadora verde esmeralda a mi mente, mi corazón y mi sistema nervioso. Te pido que me alivies, me consueles y me tranquilices. Por favor, ayúdame a olvidar mi pasado y hazme saber que estoy completamente seguro y protegido".

Aliviando el corazón

El arcángel Rafael sana el corazón físico y el emocional. No importa cuál sea la fuente del dolor, él brinda consuelo y cariño.

A continuación encontrarás algunas oraciones para varias situaciones que requieren apoyo y sanación emocional:

Oración para sanar un corazón en duelo

"Querido arcángel Rafael, por favor, envía tu luz sanadora verde esmeralda a mi corazón. Ayúdame a sentirme completo de nuevo. Por favor, restablece mi fe, mi esperanza y mi confianza en que puedo seguir con mi vida. Por favor, te pido que todos los involucrados en esta situación estén protegidos por los ángeles. Gracias".

Oración para después de terminar una relación

"Querido arcángel Rafael, mi corazón necesita tu ayuda reparadora, por favor. Ayúdame a soltar los miedos y los sentimientos de dolor, a ajustarme a mi nueva vida sin mi pareja, a liberar la tristeza, la soledad, el rencor y la ira. Te pido que me envuelvas completamente con tu luz sanadora verde esmeralda para despejarme y protegerme. Gracias".

Oración para superar la decepción

"Querido arcángel Rafael, necesito
que me des un fuerte y reconfortante
abrazo en este momento. Por favor,
hazme ver que esta experiencia
es para bien y que incluso algo
mejor está esperando por mí. Gracias
por sanar mi corazón y mi mente
de la participación del ego para
que pueda desprenderme del drama
y de las ideas basadas en el miedo.
Ayúdame a confiar en el plan perfecto que Dios
tiene para mí y mis seres queridos. Gracias".

Oración para liberar ira y resentimiento

"Querido arcángel Rafael, gracias
por bañar mi corazón y mi mente
con tu luz purificadora verde esmeralda,
por lavar las energías bajas, las toxinas
y los sentimientos duros. Gracias por
levantar mi mente para que tenga una
perspectiva más amplia de todo
y no tome personal las acciones de los
demás. Por favor, guía mis acciones
y mis pensamientos para que reflejen
mi verdadera naturaleza espiritual
de amor Divino. Gracias".

Oración para superar la preocupación o la ansiedad

"Querido arcángel Rafael, por favor envuélveme con tus brazos y tus alas, y bríndame tu fuerte certeza de que mis seres queridos y yo estamos protegidos. Ayúdame a confiar en mis sensaciones internas y a actuar en consecuencia. Ayúdame a desprenderme de las opiniones de los demás y a escuchar con claridad mi voz interna de verdad. Por favor, dame guía e ideas claras sobre los siguientes pasos a tomar para sanar esta situación. Gracias".

Sanación de agotamiento emocional

Si la vida te parece difícil o desafiante, quizá las luchas constantes y los esfuerzos infructuosos te agoten emocionalmente. Eso hace que te apagues, que es el proceso en el que te sientes adormilado, apático y crónicamente cansado.

Hace unos años, Kelly Roper se sentía apagada por completo. Estaba física, emocional espiritual y mentalmente exhausta, y sobrepasada por circunstancias de la vida. Como recuerda: "Estaba rodeada de gente y situaciones negativas, de oscuridad, al tiempo que me enfrentaba a un divorcio y muertes de familiares. No veía la luz por ningún lado en mi vida".

Desesperada, Kelly pidió ayuda a Dios y al arcángel Rafael. Recibió guía inmediata para meditar y escuchar música suave y relajante. Kelly dice: "Durante la meditación, tuve un sueño muy real: rodeada de oscuridad, veía que una burbuja de luz se acercaba flotando a mí. Dentro de la burbuja había un hombre joven que me extendía su mano, guiándome hacia él, y bailamos juntos dentro de la luz. Creo que ese hombre era el arcángel Rafael. ¡La visión fue muy fuerte!".

Después de eso, Kelly dejó de sentirse apagada. Finalmente, se sentía en paz, relajada, liberada; ¡sus oraciones fueron respondidas! Comenta: "Miro hacia atrás con sorpresa y gratitud por el maravilloso regalo que recibí en mis horas más oscuras".

Igual que Kelly, puedes pedir y recibir sanación espiritual para revivir tu energía y tus perspectivas. Ésta es una oración para sanar:

"Queridos Dios y arcángel Rafael,
gracias por volver a encender mi pasión
por la vida. Gracias por ayudarme a
disfrutar cada momento y a enfrentar
los desafíos con gracia y emoción.
Por favor, guíenme para que sea fuerte,
para que hable mi verdad, y me defienda
a mí mismo cuando sea necesario. Gracias
por darme la energía y la perseverancia
para cumplir mis responsabilidades
y seguir siendo fiel a mí mismo".

El sendero sanador del perdón

Gran parte del trabajo de sanación del arcángel Rafael consiste en eliminar las energías tóxicas estancadas, sobre todo ira acumulada y resentimiento. En el libro sanador *Un curso de milagros* dice con claridad que todas las enfermedades son producto de pensamientos de rencor. Casi todas las filosofías religiosas y espirituales sugieren que el perdón es una necesidad de la vida sana.

¿Cómo perdonas lo que parece imperdonable? ¿Cómo sueltas la ira cuando las acciones del otro te lastiman?

El primer paso es decidir que estás dispuesto a considerar el perdón como alternativa. Mientras estés programado en contra del perdón, jamás tendrá lugar. Algunas personas se aferran al resentimiento porque quieren castigar al ofensor, pero ¿quién es el que en realidad se castiga si llevas en tu mente y en tu cuerpo la ácida y tóxica ira? Con una poca de voluntad para perdonar basta para abrir la puerta de par en par para que los ángeles entren y lleven a cabo la sanación emocional.

Una vez que te permitas un poco de voluntad para perdonar, el siguiente paso es pedir ayuda. Aquí una oración muy útil:

> "Queridos Dios y arcángel Rafael, estoy dispuesto a perdonar a *[nombre de la persona]* y

a mí por esta situación a cambio de mi paz interior. Estoy dispuesto a aceptar la responsabilidad por el papel que jugué en dicha situación, y pido ayuda para aprender de verdad las lecciones de este desafío. Ya no estoy dispuesto a cargar el peso o las toxinas de ira en mi mente, ni en mi corazón. Hoy les entrego completamente y por voluntad propia los juicios, los pensamientos y los sentimientos para que los purifiquen, los desintoxiquen, los limpien y los transmuten".

Es posible que tu cuerpo reaccione a esta oración mientras los ángeles eliminan las toxinas de tu yo físico. Así que es posible que sientas temblores o escalofríos durante el proceso catártico. Eso es una señal positiva de que tus células están liberando vieja energía, lo que hará que te sientas más ligero y más libre.

Existe un motivo sanador por el cual cada filosofía religiosa y espiritual sugiere con insistencia el perdón. A continuación, encontrarás algunos textos y escrituras espirituales con palabras inspiradoras que recomiendan el perdón y demuestran la universalidad de este importante paso en la sanación:

"No existe forma de sufrimiento que no consiga ocultar un pensamiento de rencor. Tampoco existe una forma de dolor que el perdón no sane".

–Un curso de milagros *(Nueva Era)*

*"No tomarás venganza, ni guardarás rencor
a los hijos de tu pueblo, sino que amarás
a tu vecino como a ti mismo".*

–Levítico 19:18 (Judaísmo)

*"Entonces Pedro se acercó y le dijo:
'Señor, ¿cuántas veces mi hermano
pecará contra mí y debo perdonarlo?
¿Siete veces?'. Jesús le respondió:
'Yo no diría que siete veces,
sino que setenta veces siete'".*

–Mateo 18:21-22 (Cristiandad)

"Donde existe el perdón está Dios".

–Adi Granth (Sijismo)

"Destruye la ira con el perdón".

–Samanasattam (Jainismo)

"El hombre superior tiende a perdonar los errores".

–I Ching (chino antiguo)

"No albergues resentimiento".

–Tratado de respuesta y retribución (Taoísmo)

"Aquel que perdona y busca la reconciliación será recompensado por Dios".

-Qur'an 42 (Islam)

Ahora que ya cubrimos las sanaciones de Rafael para los adultos, veamos cómo el arcángel ayuda y asiste también a los niños.

Capítulo 5

SANANDO NIÑOS

"Querido Dios y arcángel Rafael, por favor cuiden a mis hijos, procuren su salud y seguridad. Por favor, guíenme para que sea el mejor padre posible y satisfaga todas sus necesidades".

SIEMPRE HE creído que el Cielo da prioridad a los niños, y que los ángeles hacen su mayor esfuerzo para mantenerlos sanos y protegidos. En los casos en los que adultos maltratan a niños, me parece que los ángeles deben sentirse frustrados por no poder violar el libre albedrío de esos adultos abusivos. Aun así, los ángeles hacen todo lo que pueden para cuidar a los niños del mundo.

Parece que el arcángel Rafael tiene un lugar especial en su corazón para los niños. Su trabajo de sanación es bien recibido por los corazones jóvenes y puros que aceptan sus regalos con gracia y gratitud.

En este capítulo, se cambió sólo uno de los nombres de los niños para proteger su identidad. Los nombres de los adultos son reales (como en todo el libro). Las siguientes historias son especialmente conmovedoras porque los niños ven y sienten la presencia de Rafael durantes sus sanaciones a causa de su naturaleza confiada y su mente sin prejuicios.

Por ejemplo, Rubye Niecke estaba con sus sobrinas, de 12 y 14 años, en su cabaña del lago. En las noches, compartían entre sí lecturas de las cartas *Sanación con los ángeles*. Fiona, la sobrina mayor, no paraba de sacar las cartas del arcángel Rafael, así que Ruby le explicó todo lo que sabía del ángel sanador.

La última tarde de las vacaciones, una abeja le picó a Fiona en el pie izquierdo. Ruby tomó el pie de la niña entre sus manos y le dijo: "No pasa nada vamos a llamar a Rafael. Inhala y exhala hondo, él va a sanarte".

Fiona dijo: "¡Está con nosotros!", entonces dejó de llorar y comentó: "¡Dios mío, tía Ruby, ya no me duele!".

Entonces, Fiona empezó a bailar dando vueltas al mismo tiempo que cantaba: "¡Gracias, Rafael! ¡Aliviaste mi pie!". Su fe perfecta en los ángeles permitió que recibiera la sanación instantánea. ¡Cuánto tenemos que aprender de los niños!

Concepción

En la Biblia encontramos relatos de cómo los ángeles intervinieron en el embarazo de Sara, María y Elizabeth. Ellos son ejemplo de la antigua conexión que los ángeles tienen para ayudar a los padres con cada aspecto de la concepción, parto y educación de los hijos.

He recibido muchas historias de mujeres que han concebido con éxito después de pedir la ayuda de los ángeles. De hecho, mis propios padres tuvieron problemas para embarazarse, hasta que pusieron una petición de plegaria en la oficina de oraciones de su iglesia y fui concebida tres semanas más tarde. Así, por naturaleza, creo en el poder de la oración porque en ella inició mi origen físico.

Una terapeuta con ángeles de nombre Morgen Drasnin estaba preparando a su paciente para una fertilización in vitro e implante. La paciente no había podido concebir de manera natural, y ella y su médico dudaban que su cuerpo soportara el embarazo, por eso Morgen invocó la presencia del arcángel Rafael.

Morgen vio físicamente cómo Rafael ponía las manos en la parte baja del abdomen y la cadera de su paciente, y vertía una enorme cantidad de energía y de luz en su cuerpo. En algún momento, Rafael le indicó a Morgen que colocara las manos en la cadera de su paciente de la misma forma.

Cuando terminó el trabajo, Morgen le pidió a su paciente que compartiera las experiencias que tuvo durante la sesión.

Comenzó: "Después de que pusieras la almohadilla caliente en mi abdomen ", y continuó compartiendo sus visiones y sus pensamientos.

Morgen sonrió y le dijo que lo que sintió no fue una almohadilla caliente, sino la inmensa energía de amor y sanación del arcángel Rafael.

Hoy, su paciente tiene ocho meses de embarazo y va muy bien. Morgen dice: "Gracias, Rafael, por equilibrar el cuerpo de mi paciente y crear las condiciones perfectas para que se embarazara sin problemas".

Tradicionalmente, el arcángel Gabriel es el ángel que se invoca para pedirle ayuda en la concepción y el embarazo, ya que, según las Escrituras, fue él quien anunció las concepciones de María y de Elizabeth. Si trabajas con Gabriel y Rafael al mismo tiempo, atraes las energías del ángel maternal y de la crianza (Gabriel) y las del ángel sanador (Rafael). ¡Una combinación infalible!

Ésta es una oración poderosa para concebir un hijo:

"Arcángeles Gabriel y Rafael, los invoco ahora para que marquen el comienzo del alma de mi amado hijo nonato, y ayuden a que mi vientre sea

un templo maravilloso en el que mi bebé crezca sano y fuerte. Por favor, guíenme con claridad hacia las acciones que el padre del niño y yo debemos tomar para que la concepción sea exitosa y el embarazo llegue a término sin complicaciones".

Embarazo

Los arcángeles Rafael y Gabriel cuidan los embarazos, procurando la seguridad y la salud de la madre y del bebé. Los arcángeles brindan guía intuitiva para ayudar a que las mamás sepan cuáles son las mejores acciones a tomar en beneficio de ella y de sus hijos. Los arcángeles también guían a los sanadores y a los profesionales de la salud en los embarazos.

Una terapeuta con ángeles llamada Bárbara Iñiguez invocó al arcángel Rafael cuando una amiga tuvo problemas durante su embarazo. El estado de la madre empeoraba y estaba a punto de perder al bebé, así que tenía que estar en reposo absoluto, sin levantarse de la cama para nada. Le pidió a Bárbara que llamara a los ángeles sanadores por ella.

Bárbara cuenta:

Escribí una plegaria pidiendo al arcángel Rafael, a la Madre María y al Cielo que la ayudaran a sanar y que la protegieran a ella y al bebé. Mi amiga decía la oración todos los días, hasta la memorizó. Recuperó su salud y tuvo un niño muy sano dos meses después. Estaba tan agradecida con el arcángel Rafael, que imprimió la oración y repartió copias a todos sus conocidos.

Ésta es la plegaria de Bárbara:

"Queridos Dios, Espíritu Santo y arcángel Rafael, les pido que me envuelvan con su energía de amor y de sanación. Les pido que mi cuerpo físico disfrute de salud completa y que sea liberado de la ilusión de la enfermedad. Les pido que mi cuerpo actúe según el plan de la Divinidad. Le pido a la Madre María, que es la cariñosa Madre Universal, que venga en mi auxilio. Dejo mi maternidad en sus amorosas manos para que proteja a mi bebé. Les pido que esta situación se resuelva de manera milagrosa. Que así sea".

Admiro la determinación de esta madre, que le permitió pedirle ayuda a Bárbara y después repetir la oración con frecuencia. Es importante que tomemos las acciones que los ángeles nos sugieren a través de nuestros pensamientos y sentimientos intuitivos.

Ésta es otra oración para un embarazo sano:

"Queridos Dios, arcángel Gabriel y arcángel Rafael, gracias por atender cada aspecto

de mi embarazo y procurar la salud y la protección de mi hijo y mía. Por favor, protéjannos y guíenme a mí y a mi médico con claridad para dar los pasos correspondientes para mejorar nuestra salud y bienestar. Gracias por ayudarme a honrar mi cuerpo, así como el cuerpo en desarrollo de mi hijo, con alimentos y bebidas sanos. Gracias por procurar que yo esté inmersa y rodeada de gente y de situaciones amorosas, dulces y compasivas. Gracias por ayudar a que mi embarazo sea sano y llegue a término con el alumbramiento seguro de mi bebé".

Adopción

Los arcángeles Gabriel y Rafael también ayudan a los padres a que adopten sin problemas a un nuevo y maravilloso miembro de la familia.

Ésta es una oración eficaz para los padres adoptivos:

"Querido Dios, arcángel Gabriel y arcángel Rafael, los invoco ahora. Les pido que me guíen durante el proceso de adopción. Por favor, guíenme hacia la mejor agencia y los mejores recursos, y traigan a nosotros

*a nuestro hijo fácil y tranquilamente.
Ayúdenme a mantenerme fuerte, positiva
y paciente a lo largo del proceso".*

Ésta es una oración sanadora para las madres biológicas:

*"Queridos Dios, arcángel Gabriel, arcángel
Rafael y Madre María, gracias por cuidar
de mí y de mi bebé durante el embarazo.
Por favor, guíen mi corazón para que resista
estas fuertes emociones y ayúdenme
a salir adelante y a perdonar, si es necesario.
Gracias por guiarme a una adopción
honesta y llena de amor, y por ayudar
a mi hijo a que lo adopten unos padres
responsables y cariñosos. Si es lo mejor
para mi bebé, por favor, ayúdenme
a seguir siendo parte de la vida de mi hijo".*

Sanaciones a edad temprana

Los ángeles acompañan a tus hijos en todo momento a lo largo de su vida (así como a los adultos como nosotros). Los niños pequeños a veces tienen contratiempos cuando exploran su mundo, pero por suerte el arcángel Rafael está allí para ayudarlos por si se caen.

Kristy, la nieta de dos años de Donna, se quemó la cara y la cabeza al agarrar la taza de té de su mamá. Así que Donna y el resto de la familia llamaron de inmediato al arcángel Rafael para que sanara a la pequeña sin dejarle cicatriz.

Al principio, los doctores creyeron que Kristy iba a necesitar injertos de piel, pero primero tenían que limpiarla y cortarle el cabello para evaluar el daño. Cubrieron su rostro con vendas y la trasfirieron a la unidad de niños quemados, a tres horas de distancia. Donna y su familia rezaron para que los arcángeles Rafael y Miguel protegieran y sanaran a Kristy.

Donna recuerda: "En algún momento de la noche, sentí que los ángeles estaban cerca de mí y supe que todo saldría bien. Con esa tranquilidad, me quedé dormida".

A la mañana siguiente, los médicos que quitaron las vendas a Kristy estaban sorprendidos porque sólo tenía la piel enrojecida, sin huellas de ampollas, ni laceraciones. ¡Dijeron que era un milagro que no necesitara cirugía! Kristy fue enviada a casa, con una sola visita programada para ver al médico a la semana siguiente. En esa visita, los doctores dijeron que ya estaba bien. Kristy sanó porque todos rezaron. Hoy tiene siete años, no tiene cicatrices, ni señales de algún trauma.

Donna comenta: "Siempre he creído en el poder sanador del arcángel Rafael, y ésa fue la prueba de que cuando crees, los milagros suceden".

Además de accidentes y lesiones, Rafael cura las enfermedades de los niños. A la primera señal de un resfriado, invoca al arcángel con esta oración:

"Querido arcángel Rafael, por favor,
ayuda a mi hijo *[nombre]* a que sane
de inmediato. Te pido que por favor
envuelvas a mi hijo con tu energía
sanadora verde esmeralda y lo ayudes
a que se recupere por completo ahora".

Janet Stevens conoció el cariñoso poder de sanación de Rafael cuando lo invocó para que ayudara a Caity, su nieta de 18 meses, que tenía varios meses enferma con fiebres de hasta 40° C. Un día que Caity no estaba bien, Jane fue a verla y encontró a la niña en los brazos de su madre sin moverse. En sus ojos se veía que no se sentía bien.

Janet puso su mano en la espalda de Caity, cerró los ojos y respiró hondo unas cuantas veces. Le pidió al arcángel Rafael que viniera a sanar a la niña. Janet imaginó que su luz verde esmeralda viajaba de su mano al cuerpo de Caity y que el arcángel Rafael aspiraba el virus que tenía dentro.

Unas horas más tarde, Caity pidió algo de comer y de beber, lo que fue sorprendente porque apenas comía durante el tiempo que estuvo enferma. Janet sabía que el virus había desaparecido. En poco tiempo, Caity estaba corriendo por la casa, sana y feliz.

Como padre o abuelo, es natural que te sientas alterado cuando tu niño enferma. Así que también puedes pedirle al arcángel Rafael que calme *tu* corazón y tu mente para que estés tranquilo y puedas ayudar a tu hijo. Esta oración es muy útil:

"Querido arcángel Rafael, por favor
tranquilízame y cálmame con respecto
a la salud de mi hijo. Por favor, ayúdame a
escuchar con precisión la guía, a pensar
con claridad y a actuar con rapidez para ayudar
a que mi hijo se sienta bien pronto. Gracias".

Como enfermera pediátrica, Carmen Carignan estaba plenamente consciente de las terribles implicaciones de que Matthew, su hijo de cuatro años, se enfermara a causa de una infección cardiaca. El revestimiento que cubría su corazón estaba inflamado porque se había acumulado líquido, y eso ponía en riesgo la vida del niño. Lo trasladaron en ambulancia a una instalación médica más grande a 100 kilómetros de su casa.

El cardiólogo pediatra dijo que si el estado de Matthew empeoraba, sería trasferido al Hospital Infantil de Boston para conectar su corazón y pulmones a una máquina. Carmen quedó prácticamente paralizada por la incredulidad y el miedo. ¡No podía estar sucediendo eso!

Las enfermeras la acompañaron a una habitación pequeña del otro lado del pasillo, donde podría acostarse mientras le hacían las pruebas a Matthew. Fue en ese cuarto donde Carmen gritó de angustia y suplicó al universo que no le quitaran a su hijo. Rezó con fervor y llamó al arcángel Rafael para que fuera al lado de Matthew y lo asistiera como pudiera. Carmen no tuvo más opción que entregar la dura prueba, y poner la situación y a su hijo, en manos de Dios.

Lloró desconsolada. A través de su llanto, escuchó que una puerta se abría y se cerraba, como si alguien se hubiera alejado de su lado. Sobrecogida por el dolor, no hizo mucho caso. Daba vueltas, incapaz de conciliar el sueño porque su mente no descansaba.

En la mañana, el cardiólogo llevó a Carmen al cuarto de Matthew. A pesar de que se quejaba, se veía más tranquilo. El doctor la miró atentamente y le dijo: "No sé qué pasó, pero Matthew presenta signos de recuperación. Quizá sean las oraciones, no lo sé".

Carmen relata:

> *En ese momento, supe que era el arcángel Rafael. Descubrí que cuando lo invoqué, acudió a mí y después se fue para estar con mi hijo —por eso la puerta se abrió y se cerró—. Una vez más, las emociones se apoderaron de mí, pero en esta ocasión estaba llena de amor y de gratitud al darme cuenta de que había sucedido un milagro. Matthew estuvo dos semanas en el hospital. Mejoraba poco a poco día con día. Hoy es*

un joven de 18 años que está a punto de graduarse de la preparatoria.

Las fervientes plegarias de Carmen trajeron la ayuda inmediata que ella y su hijo necesitaban. Cuando reces, fíjate que estés completamente concentrado en tu deseo. Usa tu cuerpo, tu mente y tus emociones cuando entres en oración. Asegúrate bien de lo que quieres y no olvides que mereces lo que estás pidiendo. Si dudas aunque sea un poco y piensas: *Bueno, no sé si merezco la ayuda del Cielo*, bloqueas o retrasas la respuesta a tus oraciones.

Por suerte, casi todos los padres están totalmente seguros de que sus hijos merecen la sanación del Cielo. Por eso sus plegarias son muy eficaces.

Julia, la hija de tres años de Catherine Fleay, tenía semanas enferma y no mostraba señales de mejorar. Tenía un resfriado persistente, mocos, tos y dolor de oídos. Se sentía muy mal y no podía dormir.

Un día que Catherine y Julia estaban leyendo un cuento antes de dormir, decidieron pedirle ayuda al arcángel Rafael para que la sanara. Las dos solicitaron su ayuda y lo imaginaron envolviéndola con sus alas en la cama. Entonces, Julia se acostó y ambas visualizaron que inhalaban el color verde.

A la mañana siguiente, Julia parecía más alerta y con más energía. Catherine llevó a sus hijas mayores a la escuela y se dirigía al supermercado cuando la niña pequeña exclamó: "¡Mamá, mira las lucecitas verdes!".

Iban por una estrecha calle llena de vegetación en la que no había semáforos. Julia señalaba animadamente frente a ella, justo detrás del asiento delantero. Así que saludaron al arcángel Rafael y le agradecieron la sanación. Julia estaba muy emocionada por eso.

Continuaron hacia la tienda, donde les dio mucho gusto ver una enorme pila de recipientes verdes de aceite de oliva cuya marca era "Rafael". Se rieron y le dijeron al arcángel: "Recibimos el mensaje, ¡gracias de nuevo!".

Julia se recuperó rápido en los siguientes días y volvió a ser la misma niña hermosa, risueña y llena de energía. Hasta hoy, sigue invocando a los ángeles.

Experiencias como ésta ayudan a que los niños sepan que los ángeles existen y a que confíen en que pueden llamarlos cuando necesiten ayuda en su salud y demás áreas de su vida. Cuando un pequeño sana al instante, aumenta la fe de todos, y ésa es otra forma de sanación.

Sanando miedos de la infancia

En el capítulo anterior vimos cómo Rafael disipa los miedos, las angustias y las fobias de los adultos. Bueno, pues hace lo mismo con los niños. Si eras como casi todos los niños, entonces es posible que le tuvieras miedo al monstruo que se escondía en tu cuarto en las noches. Tia Spanelli recuerda cómo el arcángel Rafael la ayudó a superar ese miedo de la infancia:

Cuando era niña, me daba miedo ir a la cama en las noches porque pensaba que un monstruo iba a llevarme. Veía películas y mi imaginación se echaba a volar. La habitación de mi abuela era el único lugar en el que me sentía segura.

Una noche, estaba dormida allí, pero me sentía un poco inquieta. Desperté durante toda la noche en la cama king-size *de mi abuela. En una ocasión que desperté, vi una figura sumamente alta con una capa verde y las manos juntas, como en oración. Estaba parada al lado de la cama, frente a mí. Me restregué los ojos, pero todo parecía muy claro.*

Entre sus manos fuertes y masculinas colgaba un largo rosario color melón que parecía llegarle hasta las rodillas. No vi el rostro del alto caballero porque parecía que una ligera niebla cubría su cabeza. Su capa o túnica era muy larga, gruesa y de color verde oscuro; tenía ondas y estaba decorada con una línea de color canela de la mitad para bajo.

El alto caballero no dijo nada, pero me sentí tranquila y por fin pude dormir bien.

A tan corta edad, no entendí lo que había vivido. Hasta años más tarde, cuando leí algunos de los libros de Doreen, descubrí que me había visitado el arcángel Rafael y que había aliviado mi miedo a la oscuridad y a dormir. Su presencia fue balsámica y tranquilizado-

ra, sanó mis miedos y simplemente desaparecieron.

En esta época, los niños están más aptos para ver difuntos en sus cuartos porque los padres entienden mejor la clarividencia de sus hijos. Los días del monstruo en el clóset ya pasaron, y ahora los niños tienen miedo porque de verdad ven seres en su habitación en la noche (como el niño de la película *El sexto sentido*).

Puedes ayudar a tu hijo a aliviar esta condición enseñándole a invocar a los arcángeles Miguel (que limpia las energías bajas, incluyendo a los espíritus atados a la Tierra) y a Rafael (que sana las emociones y la mente cuando tenemos miedo).

Mi disco *Limpieza de chakras* también es una invocación al arcángel Miguel, que limpia a conciencia la energía de las casas; sólo ponlo en la habitación que quieras limpiar. Si quieres puedes irte y dejarlo tocando. Los papás me dicen que a sus hijos les encanta ese CD.

Ésta es una poderosa oración que puedes copiar y poner en la habitación de tus hijos para que la digan si tienen miedo:

"Arcángeles Miguel y Rafael, vengan ahora.
Por favor, limpien todas las energías bajas
de este cuarto y ayúdenme a estar tranquilo
y contento. Gracias por protegerme a mí y
a todos los que viven en esta casa".

Rafael ayuda a los niños en edad escolar

Aunque los niños crezcan y vayan a la escuela, el arcángel Rafael sigue siendo su inseparable compañero. Rafael mantiene a los pequeños en edad escolar felices, sanos y concentrados en clase. Alexandra Laura Payne también descubrió que el arcángel la ayudó a pasar un examen importante.

Una noche antes de la prueba, Alexandra empezó a sufrir una migraña espantosa. Sentía la cara dormida, tenía náuseas, el cuerpo empapado en sudor frío, y cualquier movimiento o ruido le provocaba un agonizante dolor en la cabeza.

Acurrucada bajo un cobertor, Alexandra invocó desesperadamente al arcángel Rafael. De inmediato, sintió su suave y reconfortante presencia al lado de su cama. Sintió que se elevaba a las suaves y esponjadas nubes blancas. Con su tercer ojo, vio cómo las manos de Rafael se movían como si estuvieran acariciando su frente y su cara a una distancia de medio centímetro de la piel. De las manos del arcángel emanaba la luz blanca más gloriosa y relajante. Sentía una sensación física palpable cuando la luz tocaba su piel.

Alexandra se relajó ante la sanadora y confiada presencia de Rafael. A la mañana siguiente, se presentó al examen, nunca se había sentido mejor. ¡No estaba en absoluto nerviosa y obtuvo la calificación más alta! Alexandra da el crédito de todo esto a Rafael; comenta. "Esa noche, fue un verdadero milagro".

El arcángel Rafael calma la mente para que los estudiantes puedan pensar con claridad. Un chico de nombre Alex estaba muy preocupado por un examen que le harían en la escuela. Sabía que su angustia interferiría en su capacidad para concentrarse durante la prueba, así que decidió pedirle ayuda al arcángel Rafael. Alex dice: "En el momento en que terminé mi plegaria, tuve una fuerte sensación de paz y de calma. Dejé de preocuparme, no tuve ningún olvido durante el examen y estaba muy seguro de mis capacidades".

Además de las cualidades relajantes de Rafael, los estudiantes pueden invocar a los dos "arcángeles intelectuales": Uriel y Zadkiel. El arcángel Uriel interviene en el funcionamiento mental para que la mente esté concentrada y atenta; el arcángel Zadkiel es considerado, desde hace mucho tiempo, el arcángel de la buena memoria para que los estudiantes recuerden toda la información, cifras y fórmulas.

Ésta es una oración eficaz para los estudiantes que llaman a los tres arcángeles para que los ayuden en los exámenes escolares:

"Querido arcángel Rafael, gracias por calmar mi mente, mis emociones y mi cuerpo para que esté relajado y confiado. Querido arcángel Zadkiel, gracias por ayudarme a recordar fácil, clara y

precisamente todo el material y las lecciones de la clase. Querido arcángel Uriel, gracias por ayudarme a pensar con claridad, a comprender el significado de las preguntas del examen y a concentrarme con facilidad. Gracias, arcángeles, por ayudarme a completar esta prueba rápida y acertadamente, con la calificación más alta".

En el siguiente capítulo, veremos como el arcángel Rafael sana nuestro apetito y antojos para que sólo deseemos alimentos y bebidas sanas.

Capítulo 6

DIETAS, ADICCIONES Y EJERCICIO

"Querido arcángel Rafael, estoy listo para liberarme de *[nombre de la adicción]*. Por favor, corta mis cordones de miedo conectados a esta adicción y llena mi cuerpo con amorosa y balsámica luz verde esmeralda. Gracias por cambiar mis antojos para que sólo desee alimentos y bebidas sanas. Gracias por desconectarme por completo de mis antojos poco saludables. Mi corazón, mi mente y mi cuerpo están totalmente llenos de amor".

LAS PRESCRIPCIONES de Rafael, como las de cualquier buen médico, incluyen recomendaciones para un estilo de vida saludable. Por eso, cuando rezamos pidiendo sanación, la respuesta de Rafael puede abarcar la guía intuitiva para que evitemos los químicos, comamos sano y hagamos ejercicio con frecuencia. Por suerte, también sana los antojos para que empieces a desear alimentos y bebidas saludables.

El arcángel Rafael *me* ayudó a superar mis adicciones al vino y al chocolate, de los que era dependienta emocional y física. No quería dejarlos, pero la fuerte guía de Rafael me demostró que esas dos sustancias eran la causa de mi grave edema (inflamación y retención de líquidos) y de mis dolores de cabeza. Su mensaje fue claro, tenía que dejar las sustancias culpables de mis malestares y entonces estaría sana.

Pero me preocupaba cómo iba a manejar la abstinencia y los antojos. Después de todo, estaba en un círculo de consumo diario de vino y chocolate. Ya antes también me había enganchado al café cargado. Pero Rafael eliminó milagrosamente mi antojo de café, y me liberó de los dolores de cabeza, cuando le pedí ayuda, y desde entonces no lo he vuelto a tomar.

Por ese motivo, confié en que Rafael me apoyara completamente si me comprometía a dejar el vino y el chocolate. Le dije: "Si no quiero esas sustancias, entonces dejarlas será muy sencillo". En cuanto di mi aprobación, Rafael pudo trabajar con la elección que tomé por voluntad propia y efectuar la sanación.

Con mi tercer ojo, vi y sentí cómo trabajaba entre mis dos ojos físicos en el área de la glándula pituitaria o "chakra del tercer ojo". Me pareció que cortó de un tijeretazo un fino apéndice en forma de cordón umbilical de la parte frontal de mi tercer ojo. Vi ondas y chispas de luz verde esmeralda y eso fue todo.

Desde ese día, no se me ha antojado el chocolate, ni el vino. Cuando fui a ver la película *Chocolate*, con Johnny Depp, pensé que el antojo volvería después de ver las imágenes del chocolate derretido, pero no. Para mí, la eliminación de los antojos es un verdadero milagro. ¡Gracias, arcángel Rafael!

En este capítulo, sabrás de gente a la que Rafael sanó sus poco saludables antojos y aprenderás cómo tú, tus seres queridos o tus pacientes, también pueden salir beneficiados con la ayuda del arcángel.

Sanando la dependencia a los químicos

Durante muchos años, trabajé como terapeuta y psicoterapeuta de dependencia a los químicos en varios programas hospitalarios y externos de adicciones (entre ellos la famosa unidad de CUIDADOS). Asistí a programas de doce pasos con mis pacientes y para recuperarme de mi propia adicción. Grupos como Alcohólicos Anónimos, Narcóticos Anónimos y Al-Anon son sistemas de apoyo altamente eficaces para aquellos que están listos para sanar sus tendencias adictivas. Me encanta y agradezco que el modelo de los doce pasos esté basado en la fe espiritual de una Fuerza Superior. Trabajar con Rafael y los programas de los doce pasos es una combinación muy poderosa para sanar adicciones.

Los estudios demuestran la eficacia que la oración tiene en la reducción o eliminación de tendencias adictivas, Con los años, he conversado con cientos de personas que trabajaron con el arcángel Rafael para desaparecer dependencias a las drogas y al alcohol.

La oración que está al inicio de este capítulo es sumamente eficaz para acabar con los antojos adictivos. He recibido testimoniales de que este tipo de oración ha sanado a muchas personas de la adicción a muchas clases de drogas, entre ellas el alcohol. Por lo general, el resultado de la plegaria es que provoca náuseas al consumir la sustancia, así el individuo relaciona la adicción con una sensación desagradable.

Esto es justo lo que sucedió cuando una mujer llamada Lesley trabajó con el arcángel Rafael para aliviar su adicción a la marihuana. Lesley tenía doce años siendo adicta a esta droga. La utilizaba para adormecer y negar el diálogo interior producto del abuso sexual que sufrió en la infancia. También dependía de la droga para relajarse durante su periodo premenstrual, porque por lo general se sentía estresada. Lesley podía pasar hasta una semana sin fumar, pero después buscaba frenéticamente hasta que compraba más marihuana.

Un día, una amiga le prestó el libro *Ángeles 101*. Lesley leyó sobre la asistencia que brindan los diferentes ángeles y vio que Rafael ayuda a superar las adicciones. Así que una noche, ya en la cama, le pidió al arcángel que la asistiera para dejar la marihuana.

La tarde siguiente fumó un cigarro y se sintió fatal. Lesley conocía los efectos negativos y se había dado cuenta de que evitaba que se concentrara y le bajaba la energía. No le agradaba la sensación de "neblina en la cabeza" que la marihuana le causaba.

Ése fue el último cigarro que fumó. Han pasado muchos, muchos meses en los que no se le ha antojado la marihuana, ni siquiera ha pensado en ella. Simplemente ya no es parte de su vida. ¡Ya no la desea y se siente libre!

Lesley comenta:

> *Creo que el arcángel Rafael me demostró el daño que me hace la marihuana cuando me fumé ese último cigarrillo, y que los que consideraba los beneficios sólo eran una ilusión. La alejó de mi campo de energía para que ya no pensara en ella, ni se me antojara. No he tenido problemas con mi periodo premenstrual y he estado tranquila. Creo que también alivió eso.*

El arcángel Rafael no puede violar el libre albedrío de las personas, así que sana las adicciones sólo si el individuo *quiere* ser sanado.

El novio de una mujer que quiere ser reconocida como SMH, sus iniciales, estaba listo para dejar la marihuana cuando ella invocó a Rafael.

SMH acababa de terminar el curso de ángeles que di en Australia, gracias al cual analizó toda su vida para encontrar áreas donde hubiera energía baja. Se dio cuenta de que el cigarro diario de marihuana de su novio estaba afectándolos a ambos.

SMH le pidió al arcángel Rafael que envolviera a su novio con energía sanadora verde, a sabiendas de que el ángel no puede interferir con la voluntad de las personas, pero con la esperanza de que su novio quisiera liberarse de los lazos de la adicción.

SMH dice:

> *Sucedió un milagro. A la mañana siguiente mi novio me informó que había fumado su último churro. Así nada más. Durante años, habíamos tenido numerosas discusiones e infinitas peleas sobre su hábito, sin ningún resultado. Lo dejaba un tiempo, pero a la primera oportunidad volvía a él. Entonces, ¿por qué lo dejó de repente? La respuesta está en el poder y el amor del arcángel Rafael.*

Aunque SMH no le comentó a su novio la plegaria que hizo, se siente muy bien al saber que cuando rezas, Dios y el arcángel Rafael harán todo lo que puedan para ayudar.

Los cigarros y la marihuana crean dependencia psicológica, así como antojos físicos. La gente cree que *necesita* esas sustancias para relajarse y sentirse bien.

Lo que hacen es automedicar sus niveles de energía y emociones con los químicos.

Un hombre llamado Claudio Moreno empezó a fumar cuando tenía 17 años, porque pensó que así se calmaría, y parecería mayor y más interesante. Dos años después, cuando asistía a la universidad en el extranjero, también empezó a fumar marihuana.

Un día que Claudio estaba empacando para viajar a casa durante un periodo vacacional, una amiga le dio una pequeña estatua de cerámica del arcángel Miguel para que tuviera buen viaje. Claudio echó la estatua en su maleta sin envolverla, ni protegerla. Cuando llegó, se sorprendió al ver que la estatua estaba intacta. Su intención original era que se destruyera y tener una excusa para deshacerse de ella.

El hecho de que no le hubiera pasado nada lo motivó a sostener conversaciones mentales con el arcángel Miguel. ¡Para sorpresa y asombro de Claudio, Miguel le respondió de diferentes maneras! Recibió la fuerte certeza intuitiva de que el arcángel quería que dejara de fumar, pero no estaba listo.

Y entonces, después de su graduación, alguien le entregó a Claudio una pequeña estatua del arcángel Rafael, con lo que desvaneció toda duda sobre el poder de los ángeles. Sabía que Miguel estaba presentándole a Rafael. En ese momento, Claudio seguía fumando. Aunque sabía que era adicto, no tenía deseos de dejarlo. La esperanza de dejar de fumar algún día se había ido de su mente hacía mucho tiempo. A

Claudio no le importaban sus pulmones, pero a Rafael sí.

Cada vez que salía el tema, Claudio ignoraba a Rafael. Muy en el fondo, sabía que estaba matándose. Atleta de toda la vida, estaba consciente de que estaba llegando a un punto en el que tenía que tomar una decisión. Pero ésta lo asustaba tanto, que empezó a lastimarse en los entrenamientos. Durante los periodos de recuperación, a Claudio le complacía que no tuviera que elegir entre el cigarro y el deporte. Simplemente se sentaba y fumaba.

Pero cuando regresaba a practicar deporte, las lesiones eran cada vez más frecuentes. Igual que los avisos de Rafael. Claudio recuerda: "Sabía que intentaba salvarme, pero yo no dejaba de pensar: *Si he de morir, que así sea*". Las señales empezaron a intensificarse. Entonces, su novia lo dejó debido a que fumaba. Y aun así no le importó; de hecho, fumó más cuando ella se fue.

Una noche, Claudio tuva una pesadilla horrible, que su adicción al cigarro destruía su familia, su negocio, sus amigos, su vida. Despertó sudando, tomó los cigarros y los echó al baño. Entonces regresó a su cuarto y miró las estatuas de los arcángeles. Se sentía horrible por lo que le había hecho a su cuerpo durante tantos años. Empezó a llorar y miró a Rafael. Claudio sabía que estaba allí, podía sentirlo.

Le imploró que por favor arreglara su mente para darle la fuerza suficiente de dejar de fumar. Los primeros días, Claudio rezó mucho y Rafael nunca lo abandonó. Escuchó que el arcángel le decía: *Cuentas con Miguel, cuentas conmigo. No te paralices… tienes un camino que recorrer.*

Desde entonces, Claudio entrega sus miedos a los ángeles. Dejó de lesionarse en las prácticas y aumentó de manera importante su nivel de rendimiento en el deporte. Los siguientes meses fueron más sencillos y su vida empezó a mejorar. Hizo más amigos y consiguió otra novia. Claudio dice: "Le debo mi vida a los arcángeles Miguel y Rafael".

Sanando la codependencia

Cuando amas a un adicto o a un alcohólico, sueles enfrentar situaciones malsanas que llevan a que te culpes por el comportamiento adictivo del ser querido. Y esto se exacerba si el adicto también te culpa por el uso crónico del alcohol o la droga, ya que aquellos que caen en las garras de la adicción en contadas ocasiones son responsables de sus actos.

Conozco de primera mano el dolor de la codependencia pues estuve casada con un alcohólico y adicto a la marihuana. Las personas que somos rescatistas y queremos que todos sean felices somos particularmente vulnerables al mal de la codependencia. En realidad, nuestro comportamiento codependiente refuerza las adicciones del ser querido a causa de un proceso que se llama *favorecimiento.*

Por suerte, la ayuda está a disposición a través del grupo internacional de apoyo Al-Anon y libros como *Ya no más codependencia*, de Melody Beattie, y el arcángel Rafael.

Una mujer de nombre Jill recibió ayuda del arcángel Rafael cuando recorría los canales de sanación de la codependencia y el alcoholismo de su esposo. En una sesión con ángeles, le dijeron que dejara de ignorar las presiones de su vida. Ella creía que su principal problema era el alcoholismo de su esposo, que empeoraba día con día. Le recomendaron algunos libros de ángeles y conoció al arcángel Rafael.

Mientras su esposo estaba fuera de la casa bebiendo, Jill se sumergía en una tina de agua con sal, meditaba sobre el arcángel Rafael y le pedía que la ayudara. Descubrió que la energía de Rafael era tranquila y relajante y llegó a la conclusión de que era mejor que cualquier medicamento prescrito por el médico.

Jill le pidió a Rafael que sanara a su esposo. Recuerda que después de su plegaria...

> *¡Caray, empezaron a suceder cosas! Mi vida enloqueció al punto de que estaba resentida con mis ángeles. Cuando pedí ayuda, mi vida se vino abajo. Sucedía tragedia tras tragedia. Pero ahora que miro atrás, fue una bendición. Hoy me doy cuenta de que esas tragedias tenían que suceder para que mi marido sanara. Fue una llamada de atención para los dos.*

A los dos meses de su plegaria, su esposo intentó suicidarse, lo multaron en dos ocasiones por manejar en estado de ebriedad. Jill y su marido se separaron, pero seguían en comunicación. Ella le recordaba que pidiera guía a Dios y a sus ángeles. Jill siguió pidiendo ayuda.

Su esposo pronto tocó fondo, pues sufrió un accidente y volcó su camioneta. Fue un milagro que no resultara lesionado. Se deprimió aún más que antes y seguía renuente a hacer algo.

Las plegarias de Jill fueron respondidas cuando se encontró con un amigo que era adicto en recuperación y les recomendó un programa de recuperación de las adicciones. Jill sentía que el arcángel Rafael los guiaba hacia las personas adecuadas.

Es entonces cuando su vida empezó a cambiar para bien e inició la sanación de la familia. Jill y su esposo iban a reuniones de apoyo varias veces a la semana, y adoraban a todos los que conocían en el programa. Cree que Rafael los ayudó a encontrar el grupo adecuado. Su esposo ha estado sobrio varios meses y otra vez están juntos. Él es una persona nueva: un sobrio sonriente, bromista y divertido.

Jill comenta: "Los últimos meses han sido los más felices de mi vida, y se los debo, sin lugar a dudas, a mis ángeles, pero al arcángel Rafael en especial. Espero que mi historia sirva para que los demás pidan ayuda al arcángel Rafael y reciban la felicidad que yo he recibido".

Deseo excesivo de hacer ejercicio

Me encanta el ejercicio y cómo me hace sentir. Cuando estoy ejercitándome, siento cómo se aleja el estrés y la euforia toma su lugar. Después, me siento concentrada, tranquila y lista para enfrentar lo que sea. ¡No imagino la vida sin ejercicio!

Éste es un hábito saludable que requiere motivación y cierta autodisciplina. Las personas ocupadas, sedentarias o estresadas piensan que no tienen tiempo o energía para la actividad física. Sin embargo, si tus ángeles insisten en que hagas ejercicio, entonces el Cielo te ayudará en todo momento. El arcángel Rafael sabe que el ejercicio es un elemento importante de la salud física, mental y emocional. Así que está dispuesto a darte cualquier forma de apoyo para tu programa de entrenamiento ¡incluyendo la motivación y el deseo de ejercitarte!

Darlene siempre consideró el ejercicio como una obligación hasta que le pidió ayuda al arcángel Rafael. El cambio fue casi inmediato, y ahora en vez de ir a entrenar a fuerza, espera ansiosa la hora para hacerlo. Su energía también mejoró y ahora hace ejercicio cinco veces a la semana en lugar de dos, como antes.

Darlene comenta:

Rafael me guía a hacer más yoga y estoy viendo los beneficios. Si paso dos o tres días sin hacer ejercicio, lo extraño y no me siento tan bien. Es una visión completamente diferente. Sólo sé que Rafael está ayudándome con el ejercicio, la dieta y mi salud. Es absolutamente increíble cómo nos echa la mano el Espíritu con el simple hecho de pedirle ayuda.

Si quieres más motivación para hacer ejercicio, ésta es una oración maravillosa:

"Querido arcángel Rafael, gracias por encender mi pasión por hacer ejercicio sana y constantemente. Gracias por guiarme a desarrollar un programa de ejercicio que convenga a mis intereses, horario, capacidad y economía. Gracias por ayudarme a disfrutar verdaderamente cuando ejercito mi cuerpo".

Una dieta con altas vibraciones

Hace mucho tiempo, los ángeles me dijeron que todo lo que comemos o bebemos tiene efecto en nuestra salud espiritual y física. Me enseñaron que cada alimento y cada bebida tienen una vibración que el cuerpo absorbe. Los alimentos y las bebidas con altas vibraciones aumentan los niveles de energía de la personas, despiertan las capacidades psíquicas y son saludables. Los de baja vibración producen el efecto opuesto.

La comida y la bebida vibran según la cantidad de "fuerza de vida" que tengan. La *fuerza de vida* se refiere a la "vida" que tienen los alimentos y las bebidas.

Considera los alimentos y las bebidas como vivos o aletargados. Un ejemplo de alimentos vivos serían las frutas y las verduras frescas. Con el tiempo, los productos se marchitan, pierden su fuerza de vida y su vibración se reduce hasta que la fuerza de vida se aletarga (muere).

Todo lo que tiene fuerza de vida tiene altas vibraciones, así que los alimentos recién cortados o cosechados tienen las vibraciones más altas. (Haz este experimento: toma un sándwich y pártelo por la mitad. Reza sólo a una de las mitades, y después de tres días compara la frescura de las dos mitades y fíjate cuánto dura la mitad a la que le rezaste).

Los procesos que reducen la fuerza de vida son: enlatado, congelado, cocción, horno de microondas, cocción al vapor, deshidratación y fritura. Cualquier proceso que daña o mata a una persona también afecta la fuerza de vida de las frutas, las verduras, las nueces y los granos.

Los alimentos que son tratados con crueldad conservan la energía negativa y tu cuerpo absorbe las vibraciones bajas cuando los consume. Los animales son maltratados en las "granjas fábricas" y producen carne, huevos y productos lácteos con bajas vibraciones. Puedes rezarles a dichos productos para aumentar sus vibraciones, pero es mejor que elijas productos animales de granjas humanas.

En la misma línea, los pesticidas tienen vibraciones sumamente bajas, ya que dichas sustancias se usan para matar (*-cida*). Así que escoge productos cultivados de manera orgánica para asegurarte de ingerir alimentos y bebidas con las vibraciones más altas. Los jugos extraen la fuerza de vida de las frutas y las verduras, a menos que el jugo se beba dentro de los primeros 30 o 60 minutos de haber sido exprimido. Una vez más, piensa si cualquier otro ser vivo sobreviviría en una licuadora. Eso es exactamente lo que le sucede a las frutas y las verduras.

Así, los alimentos con vibraciones más altas son las frutas, verduras, nueces y granos orgánicos. Mucha gente que está en el sendero espiritual y de la salud adopta "dietas crudas", tema sobre el que escribí (junto con Jenny Ross) en el libro *El arte de la comida viva y cruda*.

Si tienes ideas o sensaciones intuitivas para cambiar a una dieta más vegetariana, son los ángeles los que te hablan. El arcángel Rafael y los demás ángeles te guían a un estilo de vida más saludable que sustenta tu misión, bienestar y felicidad.

Lisa J. Livingston le pidió al arcángel Rafael que le enseñara cómo estar más en sintonía con él y cómo elevar sus vibraciones intuitivas. De inmediato, vi dos palabras: cafeína y gluten. Lisa estaba enganchada a las bebidas energéticas repletas de cafeína y le encantaba el pan y la pasta.

A la mañana siguiente, ingirió una ración doble de vitaminas líquidas, mangostán, mucha agua y un plátano. Mantuvo esta combinación durante una semana, y para completa sorpresa, no se sintió nerviosa, ni le dolió la cabeza por falta de cafeína. Ahora que ya se liberó de ella, Lisa dice que se siente de maravilla y ya no se le antoja el pan ni la pasta, gracias a la ayuda de Rafael.

Además de mejorar su dieta por razones espirituales, mucha gente pide guía a los ángeles por cuestiones de salud. Todas las noches, Carol Clausen pedía al arcángel Rafael que mejorara su vista y su oído para que pudiera trabajar como maestra de preescolar. Poco después, su deseo de consumir carne desapareció y aumentó su antojo de comida vegetariana. Hoy come en su mayoría frutas y verduras crudas.

Carol cree que sus oraciones cambiaron su apetito y que el arcángel Rafael ayudó a aumentar sus ingresos para que pudiera comprar sin esfuerzo alimentos orgánicos. Hoy trabaja feliz como maestra de preescolar, como lo soñaba, y comenta que su nueva dieta mejoró su salud.

He visto cómo los cambios en la dieta producen cambios increíbles y positivos en la salud y el comportamiento de la gente. El caso está cerrado, lo que comes y bebes afecta tu bienestar, tu humor, tu longevidad y tus niveles de energía. Cuando mis hijos eran preadolescentes, empecé a servirles sólo verduras orgánicas y quedé sorprendida porque su agresividad masculina desapareció. Se volvían más tranquilos conforme los alimentaba con comida más suave. *Súper engórdame* es una película fuerte que documenta cómo la comida nos afecta física y psicológicamente. ¡Se las recomiendo altamente!

Cuando Melanie Orders esperaba a que llegara la ambulancia que la llevaría al hospital por un ataque de vesícula, escuchó una voz que decía: "Vas a estar bien, sólo aplica un poco de presión en el área recargándote en la banca". A pesar del inmenso dolor, Melanie siguió las indicaciones. "Respira, sólo respira, llegarán en cualquier momento", dijo la voz.

La ambulancia llegó y llevó a Melanie al hospital. Aunque tenía miedo, la voz seguía tranquilizándola con que todo saldría bien. Continuó calmándola y la acompañó durante su estancia en el hospital. Cada noche, Melanie sentía que una presencia verde esmeralda le enviaba luz sanadora a la vesícula. ¡Sabía que era el arcángel Rafael!

Melanie siguió trabajando con Rafael luego de volver a casa, y fue guiada con claridad a cambiar de dieta, bebiendo agua con jugo de limón, comiendo más frutas y verduras frescas, y evitando el trigo y los productos lácteos. También cambió el pollo por pescado y fue guiada a tomar jugo de piña como postre.

Bajó casi 20 kilos con la dieta del arcángel Rafael. También recibió el conocimiento intuitivo de cuánta ira antigua se había estancado en su vesícula. Hoy, Melanie trabaja como masajista para ayudar a otros a liberar la ira acumulada en el cuerpo, con ayuda del arcángel Rafael.

La dieta del ángel para personas ocupadas

La industria de la comida rápida se creó para gente que no tiene tiempo para cocinar. Si estás muy ocupado para preparar tus alimentos o comer en un restaurante, es más fácil que compres comida en un lugar para llevar. Por suerte, el arcángel Rafael ayuda a la gente ocupada a navegar por las tribulaciones de la comida sana aun con un horario apretado.

El trabajo de Natasha Hoar le exige muchas horas de manejo y de viajes en la noche. Como dio preferencia al trabajo y no a comer sano, nunca se dio el tiempo para preparar alimentos nutritivos y llevárselos. En vez de eso, comía alimentos grasosos que eran ricos, pero la hacían sentirse inflamada y aletargada. También empezó a sufrir dolores en el costado derecho.

Finalmente, le pidió al arcángel Rafael que la ayudara a comer mejor (aunque le dijo que estaba dispuesta a comer comida más sana sólo si tenía buen sabor). Casi de inmediato, pasó de querer comer quesadillas bañadas con crema agria a desear alimentos vegetarianos bajos en grasa. Incluso perdió el gusto por las hamburguesas de res, lo que fue sorprendente, considerando que el trabajo de Natasha la lleva a restaurantes y cadenas de comida rápida que se especializan en hamburguesas.

En lugar de eso, se inclinaba por las hamburguesas y los platillos vegetarianos. Alguna vez gran fanática del atún, ahora no se le antojaba, lo que significaba una ventaja ambiental para los océanos, ya que la sobrepesca de atún casi ha extinguido al pez. Natasha descubrió increíbles restaurantes que se especializan en productos orgánicos. Este cambio sutil hace que se sienta más ligera y con más energía después de comer.

Natasha comenta:

> *Uno de los mejores efectos secundarios de esta experiencia es que, con mi dieta más saludable, siento y escucho con más claridad a los ángeles. Me sorprende cómo pedir ayuda, y estar abierta para recibirla, hizo un cambio fantástico en mi vida. Estoy agradecida con el arcángel Rafael y con todos los ángeles por su inquebrantable apoyo y esfuerzos.*

No sólo los adultos ocupados se benefician con las dietas de Rafael, también los estudiantes que tienden a caer presa de la industria de la comida rápida (que descaradamente vende sus dañinos productos como almuerzos escolares). El horario de Stevie, de 15 años, ponía a prueba hasta a los adultos más atareados: se levantaba a las seis de la mañana, iba a la escuela hasta las cuatro y media de la tarde, hacía ocho horas de deporte a la semana, y tomaba clases de educación para adultos en las noches.

Privada de sueño, Stevie apenas tenía energía suficiente para terminar el día. Después de conocer al arcángel Rafael, le pidió que guiara sus opciones de comida y bebida y limpiara su dieta. Específicamente, le pidió que la ayudara a comer más fruta, a beber agua en vez de refresco y a consumir menos comida chatarra. Luego de dos noches de rezarle a Rafael, Stevie empezó a tener antojo de naranja y manzana. Nunca antes había tocado la fruta, y ¡ahora la comía tres veces al día!

Stevie continuó hablando con Rafael todas las noches y le agradecía su ayuda. Sus hábitos alimenticios cambiaron por completo para bien y bebía mucha agua, olvidándose del refresco. Su antojo por la comida chatarra desapareció. Stevie dice: "En la escuela, mis amigas me ofrecen chocolates o papas, pero mi cuerpo simplemente los rechaza. No se me antoja nada de eso, y me sorprende. Mi familia me ofrece refresco, pero tampoco se me antoja, mi cuerpo prefiere agua".

La energía y la resistencia de Stevie aumentaron, y ya no estaba cansada en las mañanas. Su actitud se volvió más feliz, y sus amigos y familiares la felicitaron por eso. A lo largo de toda la experiencia, Stevie sabía que tenía libre albedrío; comenta: "Mi apetito cambió porque permití que el arcángel Rafael me ayudara y me guiara hacia las opciones adecuadas, y elegir las cosas correctas o no fue siempre mi decisión".

Stevie ha inspirado a sus amigos y familiares a comer más sano con su ejemplo positivo. En este sentido, es un ángel terrenal, que lleva el mensaje de salud de Rafael por todo lo largo y ancho.

El arcángel Rafael es un sanador multifacético y multitalentoso, como hemos comprobado en estos increíbles testimonios. Como verdadero sanador, ayuda a todos y cada uno de los que lo necesiten, incluyendo a nuestras adorados amigos animales, como leeremos en el siguiente capítulo.

Capítulo 7

PROTEGIENDO A NUESTRAS MASCOTAS

"Querido arcángel Rafael, gracias por cuidar, sanar y proteger a mis mascotas. Por favor, ayuda a *[nombre de la(s) mascota(s)]* a sanar por completo. Por favor, guía mis acciones para que pueda apoyar la salud de mi mascota".

EL ARCÁNGEL Rafael tiene capacidades sanadoras ilimitadas. Puede estar al mismo tiempo con todas las personas que solicitan su ayuda, asistiendo a cada ser de manera individual. ¡Hablando de hacer muchas cosas al mismo tiempo!

Rafael es estupendo ayudando a que los animales vivan seguros, felices y sanos. Un día, Romeo, mi adorado gato himalayo se subió al techo y se negaba a bajar. A mí se me hacía tarde para una cita y no estaba segura de que dejarlo allí fuera lo correcto. Así que le pedí ayuda a Rafael, y en un minuto, Romeo caminó feliz hacia mí, ronroneando mientras lo metía a la casa.

He recibido docenas de historias similares de que Rafael recupera rápida y misteriosamente mascotas perdidas. Una mujer incluso me dijo que después de haber pedido al arcángel que trajera a casa a su gato perdido, el animal apareció en la puerta principal, como si una cuerda invisible lo hubiera jalado hacia la casa.

Rafael responde rápido a todas las llamadas de sanación, sean para humanos o para animales. Steve Wood lo descubrió después de encontrar a Dandy, su perra terrier americano sin pelo, tosiendo y con la cabeza gacha. Pensando que se le había atorado algo en la garganta, Steve le dio suaves palmadas en el lomo.

Pero Dandy seguía tosiendo y parecía que le costaba trabajo respirar. Steve le abrió su diminuto hocico e intentó revisarle la garganta, pero no encontró nada malo. Colocó el cuerpo de la perra en posición vertical, con la cabeza hacia el suelo, y le dio palmadas en el lomo. Pero no expulsó nada, y su respiración estaba volviéndose superficial y pesada. Steve estaba preocupado, casi al borde del pánico. Iba a tomar las llaves del auto y dirigirse al veterinario más cercano, cuando de repente recordó al arcángel Rafael.

Steve solía pedirle a Rafael que sanara a los golpeados y emocionalmente dañados perros que la organización de su esposa rescataba. Había presenciado recuperaciones milagrosas. Pero en el pánico del momento, porque se trataba de su propia perra, casi olvida pedir la ayuda del arcángel.

Sosteniendo a Dandy con las dos manos, Steve sentía su pesada respiración. Sólo emitía respiraciones cortas y superficiales, y estaba atontándose por la falta de oxígeno. Steve gritó: "¡Rafael, por favor, ayúdala!".

¡De repente, Dandy se relajó y empezó a respirar con normalidad! No volvió a toser. No expulsó nada, sólo comenzó a respirar normal por la nariz. Steve se sentó con ella en los brazos, con lágrimas corriéndole por el rostro, al tiempo que agradecía a Rafael.

Oraciones fuertes y claras

Como en la historia de Dandy, Rafael responde de inmediato a las oraciones por la salud de una mascota. Es similar a las sanaciones instantáneas que reciben los niños después de que sus padres invocan al arcángel Rafael. Esta prontitud tiene lugar cuando la oración es fuerte, clara y comprometida.

Algunas personas rezan con poco entusiasmo porque temen no "merecer" la ayuda del Cielo. Les preocupa no ser buenas, o no saben si "molestan" a Dios con sus peticiones, o si está permitido pedir ayuda.

Pero esos miedos quedan de lado cuando rezan por un niño o una mascota. En esos casos, la madre interna canaliza una plegaria segura y protectora: "Necesitamos esta sanación, ¡y la necesitamos ya!".

No pienses que pedir una sanación a Rafael es una blasfemia o una falta de respeto; sólo recuerda que los ángeles sacan la verdadera esencia de cada oración, no importa que sea dicha con ira, tristeza, frustración o paz. El arcángel Rafael, como no tiene ego, no emite juicios. Ama a todos incondicionalmente. Jamás se abstendría de responder una plegaria, a menos que lo bloquearas al no estar cien por ciento comprometido con la sanación que solicitas.

Así que cada vez que pidas algo en oración, por favor, asegúrate de que tus pensamientos y tus sentimientos estén bien alineados, y de que estás totalmente seguro de que deseas (y sabes que lo mereces) que tus oraciones sean respondidas. Esos son los factores que aseguran la asistencia inmediata.

Puedes decir la siguiente plegaria si necesitas ayuda para que tus ideas y tus sentimientos vayan en la misma dirección:

"Queridos Dios, arcángel Rafael y arcángel Miguel, abro mi mente y mis emociones a ustedes. Gracias por llevarse los miedos y las inseguridades, haciéndome saber que el Cielo me ama y desea concederme su gracia sanadora para mi paz y mi felicidad".

La eficacia de las oraciones en humanos, animales y plantas está bien documentada en la literatura científica. Los estudios en animales son preocupantes porque los científicos los lastiman intencionalmente en el laboratorio para estudiar los efectos de la oración en la sanación. Esta metodología jamás se toleraría en estudios con humanos.

Sin embargo, los resultados son alentadores. El estudio más reciente sobre oraciones en no humanos llegó de la universidad Loma Linda en 2006, cuando los investigadores probaron los efectos de las plegarias intercesoras a larga distancia en 22 monos. Los monos eran de la raza "bebé de los matorrales" de África, que reaccionaron al estrés de ser enjaulados acicalándose en exceso, al grado de sangrarse la piel.

Los científicos pidieron a un grupo con experiencia en oraciones que rezara por la mitad de los monos usando los nombres de los animales. Los adiestradores no sabían por cuáles monos iban a orar para evitar que influyeran en el resultado del estudio.

Los monos por los que estaban rezando tenían heridas considerablemente menores en comparación con las de los demás. También tenían mayor número de glóbulos rojos y recuento de hemoglobina (indicadores de sangre sana). Las diferencias entre ambos grupos eran estadísticamente significativas, lo que quiere decir que los efectos de las oraciones fueron mucho más grandes de lo que se esperaba.

Como estudio doble ciego[1], esta investigación es considerada una evidencia científica importante de la eficacia de la oración y de su capacidad para influir positivamente en la salud y la sanación.

Kate Whorlow, una terapeuta con ángeles, le pidió con fervor al arcángel Rafael que sanara al gatito recién nacido de la gata que tenía como mascota, que apenas respiraba y yacía lacio y casi sin vida en su mano.

Lily, la gata de Kate, le llevó al cachorro poco después de que nació y lo dejó en sus manos como diciendo: "¡Ayúdame, por favor!". Lily lamía ansiosa al gatito, pero éste no reaccionaba. En medio del alumbramiento del resto de los cachorros, Lily pidió la ayuda de Kate.

Así que Kate solicitó a Rafael que por favor sanara al gatito para que viviera. Le pidió al arcángel que vertiera su energía sanadora en el corazón y los pulmones del cachorro para que el corazón latiera y pudiera respirar.

Después de diez minutos, el gatito empezó a moverse y a mamar de Lily, quien para entonces ya había dado a luz al siguiente cachorro, que también se alimentaba feliz. ¡Kate se sintió muy aliviada! Agradeció al arcángel Rafael por la increíble sanación que acaba de tener lugar. Lo nombró Ángel y ahora es un gato sano de cinco años.

---

1 N. de la T. Doble ciego significa que ni el paciente, ni el investigador saben si el paciente está recibiendo el tratamiento o el placebo.

Las plegarias de Kate fueron fuertes, claras y de socorro.

La oración escrita

Escribir tu oración en papel, o imprimir alguna de las plegarias de este libro o de otra fuente, también es sumamente eficaz. La oración escrita es un talismán y un recordatorio de que hay que decir las palabras muchas veces hasta que recibas respuesta en forma de sanación o de guía intuitiva sobre los pasos a seguir para conseguir el resultado deseado. Yo he tenido resultados excelentes con la oración escrita en forma de carta dirigida a Dios y dejando la hoja boca arriba en mi altar.

Nicola Kimpton escribió su plegaria, pidiendo por la salud de su conejillo de Indias y la colocó en un lugar donde pudiera verla, como recordatorio de que tenía que seguir rezando. Bully, el conejillo de Indias, estaba enfermo y respiraba con dificultad. La medicina que le recetó el veterinario funcionó una semana, pero después el animal recayó.

Fue entonces cuando Nicola imploró al arcángel Rafael que aliviara a Bully. Escribió una oración a Rafael en una hoja de papel y la puso en un lugar donde pudiera verla todos los días.

En los siguientes días, la guía llegó en forma de pensamientos o "certeza" interior. Haciendo caso a esta guía superior, Nicola hizo que Bully estuviera lo más cómoda posible y pasó más tiempo con ella. Constantemente le repetía cuánto la quería.

En lugar de verla enferma, Nicola la visualizaba sana y bien. Cuando Bully respiraba con dificultad y forcejeaba, Nicola la acariciaba, la tranquilizaba y ponía toda su fe en el arcángel Rafael.

Una semana después, los ojos de Bully recuperaron su chispa y respiraba y comía normal, como si nada hubiera pasado. Estaba aliviada y su dueña creía que era un milagro. Dos años más tarde, Bully y Squeak, el conejillo de Indias que era su compañero, siguen estando fuertes. Todos los días, Nicola agradece efusivamente a Dios y al arcángel Rafael el amor y la luz que las mascotas dan a su vida.

Experiencias mutuas con Rafael

La energía de sanación del arcángel Rafael es tan fuerte, que por lo general todos los involucrados ven o sienten evidencia de su presencia. Como has leído en las historias de este libro, su energía produce cosquilleos en el cuerpo de la persona que está curando. Bueno, cuando Jann Dring le pidió a Rafael que sanara a su perro, ella también percibió las sensaciones que causa la impresionante energía del arcángel.

Después de una cirugía dental, a Kye, el perro maltés de cuatro años de Jann, le salió un absceso en la mandíbula, por lo que tenía que darle antibióticos y ponerle gasas. Para evitar que se rascara, el veterinario le puso un cono de plástico alrededor de la cabeza. Kye estaba muy enfermo y no comía ni bebía agua. Pasaba casi todo el día acostado en su cama y apenas levantaba la cabeza.

Cuando Jann lo acariciaba, le pedía al arcángel Rafael que curara a Kye. Pidió que su perro sanara por completo y que estuviera feliz y sano otra vez a la brevedad. Janny comenta: "Fue entonces cuando mi cuerpo se estremeció de la cabeza a los pies. Me sentí relajada y envuelta en calor, y Kye movió la cola, se levantó de la cama y se dirigió a su plato de comida".

Kye comió, tomó agua y durmió. Al día siguiente, su herida había sanado y corría por toda la casa otra vez. Hoy, un año después, ni siquiera tiene cicatriz, y Jann le da todo el crédito al arcángel Rafael.

Quizá Jann sintió la energía sanadora de Rafael porque el arcángel sabía que estaba estresada, y el estado de ánimo de los dueños de las mascotas influye en el de los animales. Jann también es una persona muy sensible que percibe la energía con facilidad, y la de Rafael es *fuerte*.

Definitivamente, los animales sienten la presencia de Rafael. Una mujer de nombre Karen tiene a Oso, una perra discapacitada desde siempre. Cuando se la dieron, no esperaba que viviera tanto tiempo. Así que cada noche, Karen le pide a Rafael que acompañe a Oso y la ayude a llegar a la mañana.

Karen ve que cuando invoca a Rafael, Oso mira hacia arriba a sus espaldas. Karen cree que la perra ve y reacciona a la presencia del arcángel Rafael. Ella también ve brillantes luces verdes en su habitación todas las noches, prueba de que el ángel sanador escucha sus plegarias nocturnas.

Qué conmovedor que Karen y Jann sintieran la presencia de Rafael durante las sanaciones de sus mascotas. ¡Eso es amor del bueno!

En los últimos siete capítulos, se ha detallado cómo el arcángel Rafael sana a todo y a todos los que desean su ayuda. Es el máximo arcángel sanador.

En el siguiente capítulo, conocerás otra especialidad de Rafael: guiar y proteger a los viajeros.

Capítulo 8

Rafael, el Ángel de los viajes

"Querido arcángel Rafael, por favor,
acompáñame a mí y a mis seres queridos
en este viaje. Por favor, procura la seguridad,
la comodidad y la salud de todos a lo largo
del viaje entero. Te pido que me pongas
en contacto con gente cariñosa y amable
durante el viaje, y también ayúdame
a dar bendiciones a mis acompañantes.
Por favor, haz que todos los aspectos
del viaje sean tranquilos, armoniosos
y pacíficos. Por favor, ayúdame con
*[nombra los detalles específicos con los
que deseas ayuda]*. Gracias por proteger
mis viajes en todos los sentidos".

EN EL Libro de Tobit, un texto canónico aceptado por las iglesias Católica Romana y Ortodoxa Occidental, el arcángel Rafael (disfrazado de humano aristócrata) acompaña a Tobias, el hijo de Tobit, en una larga y ardua caminata. Gracias a Rafael, Tobias obtiene sabiduría, valiosas experiencias y una esposa a lo largo del camino. Desde que acompañó a Tobias en su viaje, el arcángel Rafael es el santo patrón de los viajeros.

Mi trabajo como maestra espiritual me ha llevado a recorrer el mundo varias veces, y Dios y el arcángel Rafael son los que han hecho que mis viajes sean tranquilos y seguros. Rafael es el compañero primordial de viaje que se encarga de los detalles grandes y chicos, porque su misión es procurar nuestro bienestar. En ese sentido, evitamos momentos estresantes del viaje que podrían afectar negativamente nuestra salud.

Recuerda que Rafael, igual que Dios, los arcángeles y los maestros ascendidos, es un ser ilimitado, por eso puede ayudar a todos al mismo tiempo con los aspectos de los viajes. Rafael sabe que pequeñas causas de estrés crean una tensión más grande que afecta la salud. Por eso te acompaña en los viajes, para protegerte de innecesarias situaciones estresantes. ¡Es un ángel *concierge*!

Sin embargo, por el libre albedrío de los humanos, Rafael interviene sólo cuando le das permiso para ayudar. Por eso es una buena idea que lo invoques, por ejemplo con la oración con la que inicia este capítulo, antes de iniciar cualquier viaje.

¡Yo le he pedido que me ayude con detalles de viajes grandes y pequeños! Después de un largo vuelo, lo último que los viajeros quieren oír es que la habitación del hotel no está disponible. Me he parado en muchas recepciones a hablar con los empleados mientras al mismo tiempo sostengo discusiones silenciosas con el arcángel Rafael. Siempre rebasa mis expectativas y abre las puertas a viajes que fluyen sin esfuerzo.

Vuelos sin contratiempos

Como asistente de vuelo, Philippe Slimbroeck conoce los resultados de invocar a Rafael todos los días. Philippe siempre se comunica con el arcángel y con su ángel de la guarda personal antes de cada vuelo. Los visualiza envolviendo al avión con luz verde y blanca. Esto le da una sensación de seguridad, y sabe que todos a bordo están en buenas manos.

La mayoría de los viajes de Philippe son a África, y en casi todos hay malas condiciones climáticas y pasajeros alterados. Pero desde que empezó a trabajar con el arcángel Rafael y con los demás ángeles, Philippe ha descubierto que las turbulencias o los incidentes con los pasajeros pasan en segundos.

Philippe no ha vivido situaciones de riesgo en sus vuelos, lo que para él es la mejor prueba de la energía de amor del arcángel Rafael. Philippe dice: "Quisiera aconsejarles a los lectores —no importa que sean asistentes de vuelo, viajantes o sólo turistas— que invoquen al arcángel Rafael y a sus ángeles de la guarda antes de despegar, para que los protejan y consuelen durante el viaje".

¿Quién más, aparte de mí, no quisiera tener a Philippe como asistente de vuelo en su siguiente viaje? Y, de manera sincronizada, después de que me mandara su historia, conocí a Philippe en persona en una firma de autógrafos en Londres un día antes de mi primer viaje a África.

La invocación de Philippe a Rafael durante las turbulencias es muy eficaz, muchas veces he hecho lo mismo en los años que tengo de viajar. *Por supuesto*, a los ángeles les gusta calmar los viajes fuertes, para mantenernos seguros y para reducir el estrés que afecta a la salud.

Cuando el piloto anuncia que los asistentes de vuelo tienen que sentarse y los pasajeros deben abrocharse los cinturones para prepararse para la turbulencia, siempre recuerdo la famosa afirmación de Louise L. Hay: "Tal vez aplique para ti, pero ¡no para mí!"

Entonces les pido al arcángel Rafael y a los ángeles que lo acompañan que soporten y estabilicen por completo el avión. Con mi tercer ojo, veo a los ángeles cargando con sus manos y sus espaldas la panza y las alas del avión. Siempre, el piloto vuelve a escucharse en las bocinas: "Bien, amigos, parece que pudimos superar ese sistema de tormenta, así que volveré a apagar el anuncio del cinturón de seguridad". Y es cuando digo: "¡Gracias!" a Rafael y a los demás ángeles.

Una mujer llamada Christina M. Antonetti era una viajera muy nerviosa a la que no le gustaba en absoluto viajar en avión. Por eso cuando su vuelo de Barbados a Nueva York empezó a sacudirse con violencia, se aferró al brazo del asiento *y* al pecho de su esposo. Estaba aterrada y no podía imaginarse otras cinco horas de vuelo con esa turbulencia.

En silencio, Christina llamó al arcángel Rafael y le pidió que por favor se colocara bajo el avión, lo estabilizara el resto del vuelo y lo colocara con suavidad y seguridad en la pista de Nueva York. En su mente, tuvo una clara visión de Rafael abajo del avión, con los brazos elevados sobre su cabeza, sosteniéndolo con firmeza.

La visión no sólo calmó su ansiedad, ¡sino que la turbulencia se detuvo de inmediato! De hecho, fue el vuelo más tranquilo que haya tenido, y el aterrizaje fue aún mejor. Antes de bajarse del avión, Christina agradeció al arcángel Rafael en silencio y sintió que en su rostro se dibujaba una cálida sonrisa.

Viajes a tiempo

Si alguna vez has vivido demoras inesperadas mientras viajas, sabes lo frustrante que pueden ser. Y si hay muy poco tiempo entre tus conexiones, una demora puede significar que pierdas el siguiente vuelo. Por suerte, el arcángel Rafael se encarga de cualquier cambio en tu horario de viaje.

La excepción sería que el aplazamiento sea por tu seguridad. En esos casos (como una falla mecánica del avión que tarda en repararse, o evitar un accidente de tráfico porque saliste unos minutos tarde), sabrás que se trata de una "demora Divina" si la tranquilidad te invade después de que pidas la ayuda de Rafael. Esta calma te dará la paciencia y otros factores necesarios para que llegues a tu destino a salvo.

Elizabeth Pfeiffer llegó tarde a trabajar porque cuando salió de su casa para subirse al auto caía una enorme tormenta eléctrica. No le preocupaba manejar bajo la lluvia, pero la intensa ráfaga de luz que cubría el cielo y el escandaloso trueno hicieron que volviera nerviosa a la entrada de su casa.

Tenía que salir hacia el trabajo en ese momento o corría el riesgo de llegar tarde, así que se dirigió al auto cubierta por un paraguas. Antes de encender el motor, Elizabeth le pidió al arcángel Rafael que la protegiera en el camino al trabajo. Fue cuando escuchó una voz, en forma de pensamiento, que le decía: *Espera.* Y ese mensaje fue seguido de otro: *Espera cinco minutos.*

El mensaje fue tan fuerte, que aunque se le hacía tarde para ir a trabajar, Elizabeth decidió hacer caso a la guía. Así que esperó, pero la tormenta cobró fuerza, y entre más esperaba, más empeoraba. Pero cinco minutos después, como le prometieron los ángeles, los truenos y los relámpagos cesaron y la lluvia terminó.

De camino al trabajo, Elizabeth se dio cuenta de que muchas zonas se habían inundado horriblemente, lo que hizo que se sintiera aliviada por haber escuchado la guía de los ángeles. Y no sólo llegó bien a trabajar, sino a tiempo también.

La historia de Elizabeth es un ejemplo maravilloso de un retraso Divino decidido para asegurar su protección. Así que mientras sea seguro hacerlo, el arcángel Rafael eliminará las demoras que parecen presentarse en tu viaje, como descubrió Gérald Ostiguy.

Gérald viajaba al aeropuerto de Toronto para tomar un avión que lo llevaría a casa en Québec, cuando la aerolínea llamó para decir que el vuelo estaba demorado. La aerolínea lo había acomodado en uno que salía más tarde y no llegaría a casa hasta bien entrada la media noche.

Fastidiado de viajar, Gérald le pidió ayuda al arcángel Rafael para que llegara a casa como estaba planeado originalmente. Entonces, llamó a la aerolínea y lo asignaron a un vuelo que salía tan sólo 15 minutos después del que había elegido en un principio. Gérald sabía que esta oportunidad había sido obra de Rafael, y le agradeció efusivamente.

Yo también he invocado a Rafael en circunstancias similares. En dos ocasiones que viajaba a casa, rumbo al aeropuerto local, que cierra temprano en la noche, mi vuelo retrasado hubiera significado que el avión aterrizara en un aeropuerto más grande y más lejano. Las dos veces le pedí a Rafael que por favor guiara con cuidado al avión para que aterrizara a tiempo en el aeropuerto local. Y, por supuesto, el arcángel respondió como el campeón que es.

¡Rafael también ayuda con otros medios de transporte! Invócalo para procurar que tu tren, autobús, auto, barco u otro vehículo llegue seguro y a tiempo. Ten presente que todo tiene un tiempo Divino y que si a veces piensas que vas a llegar tarde, es por una buena razón. Así que si te topas con un embotellamiento vial, no dejes de afirmar que llegarás a tu destino justo cuando tengas que hacerlo. Puede ser que milagrosamente estés a tiempo o que las cosas se acomoden para que tu retraso sea mejor que si hubieras llegado temprano. *Confía.*

Cuando Tanya Snyman viajó de África a Estados Unidos para tomar mi curso Practicante de Terapia con ángeles, vivió la ayuda que el arcángel Rafael da a los viajeros durante el camino. En el aeropuerto Heathrow de Londres, Tanya no quería hacer la larga fila para la clase económica, así que le pidió a Rafael que la ayudara con eso. Conforme se acercaba a la sección de registro, Tanya fue llamada al mostrador de clase ejecutiva por un sonriente asistente que la cambió de categoría sin preguntarle (salvo que ya se lo había pedido a *Rafael*).

Después de esta experiencia, Tanya confió aún más en la ayuda del arcángel en los viajes. Al día siguiente, cuando se dirigía al lugar donde imparto el taller, Tanya se demoró en la recepción de su hotel. Le preocupaba perder el autobús, que sale cada hora, y llegar tarde a clase.

Pero Tanya cambió la angustia por una plegaria. Le pidió al arcángel Rafael que fuera y la ayudara a irse. Dice que después de hacerlo "pareció que el tiempo se detuvo y subía al autobús con mucho tiempo de anticipación".

Cuando Tanya dice que Rafael detuvo el tiempo, no habla metafóricamente. Rafael y los demás ángeles literalmente detienen el reloj si se los pides para procurar un viaje seguro y a tiempo. La clave es solicitar asistencia, alejar toda angustia o incredulidad, y dejar de mirar el reloj el resto del viaje. Llegarás exactamente en el momento justo.

Ayuda sanadora y para viajes

Como las dos especialidades del arcángel Rafael son la salud y los viajes, es lógico que combine sus talentos cuando una persona se enferma lejos de casa. Viajar tiene sus desafíos únicos y es bastante estresante cuando estás sano, por eso necesitas energía alta y una buena actitud para disfrutar el viaje. Sin embargo, si quieres aumentar tu energía o bienestar durante un viaje, sólo pide ayuda al arcángel, como lo hizo Kim

Turton cuando su hijo se enfermó estando de vacaciones en México.

Kim estaba en su casa, en Canadá, cuando Scott, su hijo de 26 años, llamó de México enfermo con un fuerte resfriado, que empeoró con el paso de los días. Cuando llamó a su mamá para decirle de su enfermedad, apenas podía caminar y sólo quería regresar a casa.

Preocupada porque tuviera un muy mal vuelo de regreso a Canadá, Kim se sentó y le pidió al arcángel Rafael que por favor ayudara a que Scott tomara el avión y llegara sano y salvo a casa. Le pidió a Rafael que envolviera a su hijo en un cobertor cálido de energía sanadora verde y lo llevara a casa.

Al día siguiente, Kim recogió a Scott en el aeropuerto. Se veía estupendo y dijo que se sentía mucho mejor. Kim sabía que el arcángel Rafael la había escuchado y que, de hecho, había cuidado muy bien de su hijo. No importa cuántos años tengan nuestros hijos, siguen siendo nuestros niños y uno invoca a Rafael para ellos a cualquier edad.

Si solicitas la ayuda de Rafael para tu viaje, es una buena idea que también le pidas que proteja tu salud con una plegaria como ésta:

"Querido arcángel Rafael, gracias
por cuidar mi viaje y por mantenerme
a mí y a todos los involucrados a salvo,
protegidos y sanos. Por favor, procura

mi energía alta, mi perspectiva positiva y mi paciencia durante este viaje. Te pido que me guíes con claridad sobre cuál es la mejor manera de cuidar muy bien de mi cuerpo. Gracias por proteger mi salud y conservarme vital y bien en todos los sentidos".

Rafael hizo un trabajo doble para Nicholas, asegurarle un lugar en la aerolínea y ayudarlo a recuperarse de una enfermedad. Nicholas estaba emocionado porque regresaba a su tierra, Grecia, durante una campaña política que subsidiaba boletos para griegos que quisieran viajar para votar en la elección. En esa época, Nicholas estudiaba en Alemania, y pidió ocho boletos, para él y sus amigos. Había estado enfermo y creyó que visitar su casa lo sanaría.

Pero cuando Nicholas recogió los boletos, ¡todos tenían el suyo menos él! El empleado no sabía explicar qué había pasado, pero tampoco podía ayudar a Nicholas a conseguir otro boleto porque los lugares del otro avión estaban reservados para toda la semana.

¡Nicholas estaba devastado! Lo único que podía hacer era rezar. Y eso hizo, con toda el alma y el corazón, y le pidió ayuda a Dios, al arcángel Rafael, a la Virgen María y a todos los santos para ir a casa con su familia.

Alrededor de la cuatro de la mañana, sonó el teléfono. Cuando Nicholas contestó, se oía mucho ruido de fondo, y lo único que escuchó fue su nombre y que tenía que estar en el aeropuerto en cinco horas para tomar un vuelo a Atenas.

Nicholas le preguntó a la persona que llamó cómo era posible si ni siquiera tenía boleto. Lo único que el hombre dijo fue: "Por favor, no puedo explicarle. Está en mi lista y tenía que llamarle para decirle que sale en el vuelo de la mañana a Atenas. Cuando llegue al aeropuerto, por favor, pase al mostrador, diga su nombre y allí le entregan su boleto". Y el hombre colgó.

Nicholas sigue sin saber cómo consiguió el boleto. Nadie de la aerolínea le ofreció alguna explicación. De lo único de lo que está seguro es de que los santos, junto con el arcángel Rafael y la Virgen María, le concedieron su deseo, y que la pasó de maravilla en Grecia con su familia y sus amigos. ¡Sus problemas físicos también sanaron más pronto de lo que jamás hubiera imaginado! Nicholas comenta: "¡Con la ayuda de los ángeles, la vida es más fácil y bendita!".

¿Quién que fue el hombre misterioso que puso a Nicholas en el vuelo a Atenas? Creo que fue un ángel. A lo largo de los años, he escuchado muchas historias similares, y mi conclusión es que los ángeles prestan especial atención a los que viajan en avión por el alto estrés y los riesgos inherentes que conlleva este medio de transporte.

La historia de Nicholas es un ejemplo maravilloso de una plegaria múltiple, en la que invocó a Dios, al arcángel Rafael y a la Madre María. Siempre pienso "entre más, mejor" cuando se trata de llamar a arcángeles y maestros ascendidos dignos de confianza. Si tus preferencias religiosas o espirituales están relacionadas con Jesús o un santo o deidad en particular, entonces es una buena idea que les pidas ayuda, además de a Rafael.

El arcángel Rafael presta su atención a todas las personas que necesitan su ayuda. Sus prescripciones siempre son hechas a la medida de cada individuo, y su asistencia es inmediata mientras la pidas y estés listo para recibirla.

Lisa Laffargue verdaderamente necesitaba a Rafael cuando una lesión amenazaba con arruinar su viaje de vacaciones. Lisa y su esposo se preparaban para volar a Francia y visitar a su familia en Navidad cuando se desgarró la espalda, se le doblaron las rodillas y cayó al suelo. No podía moverse y el dolor era tan insoportable, que estaba aterrada pensando que se había roto la espalda.

Lloró de dolor y de miedo al perder su vuelo a Francia al día siguiente. Entonces, le pidió ayuda al arcángel Rafael, imaginando que su luz esmeralda le envolvía la espalda baja y le enviaba la sanación. Aunque a la mañana siguiente amaneció adolorida, no dejó de tener fe.

Lisa volvió a invocar al arcángel Rafael, y de repente sintió una sensación de cosquilleo en la espalda baja. Sabía que era extraordinario y que el arcángel estaba sanándola. Lisa salió de la cama con cuidado y empezó a caminar. Aunque todavía sentía cierto malestar, no se le doblaron las rodillas y el dolor no era tan intenso como antes.

Lisa dice: "La única manera de describir esto es que fue 'un milagro y una sanación' del hermoso y adorado arcángel Rafael. ¡Me dio alivio suficiente para que pudiera pasar Navidad en Francia!".

¿No es bueno saber que cuando viajas el arcángel Rafael está allí para ti? Es un increíble honor contar con Rafael como compañero de viaje.

Y por supuesto, Rafael está con nosotros en cada parte de nuestra vida, y hay pruebas de su constante presencia en todas partes si distinguimos las señales, como veremos en el siguiente capítulo.

Capítulo 9

SEÑALES DE PARTE DE RAFAEL

"Querido arcángel Rafael, por favor, envíame señales claras que pueda reconocer y comprender fácilmente para saber que estás presente, y dame guía sobre el siguiente paso a tomar. Gracias".

SIEMPRE QUE llamas a Rafael, está aquí. El arcángel sanador no es tímido, ni sutil para anunciar su presencia. *Quiere* que sepas que está contigo, como una manera de consolarte y aliviar el estrés para que tengas una sana recuperación.

Rafael también muestra un brillante sentido del humor en su despliegue de ayuda. Un ejemplo que siempre dibuja una sonrisa en mi rostro es su costumbre de sacar los libros de los estantes.

Mucha gente reporta que encuentra libros de sanación en su casa que nunca compró, o en el carrito del supermercado que no puso. Hace mucho tiempo, compré una cinta de afirmaciones que necesitaba mucho y que encontré en un cubo de cintas en descuento en una tienda. Nunca antes, ni después, encontré otra cinta de afirmaciones o de metafísica en ese cubo. ¡Siempre estaba repleto de cintas de música vieja!

Rafael sacó un libro del librero de Joanna Caccamo para reafirmarle su presencia sanadora. Joanna pasaba por un divorcio estresante y parecía que había perdido todo lo que le era querido. Cuando el estrés empezó a afectar su salud, no sabía a qué arcángel llamar para pedirle ayuda. Después se quedó dormida.

Cuando despertó, descubrió que un libro se había caído del librero. Estaba boca arriba, y se encontraba abierto en una página que no veía desde donde estaba parada. Al acercarse a levantar el libro, se sorprendió al descubrir que toda la página estaba dedicada al arcángel Rafael.

Así que de inmediato le pidió a Rafael que enviara su energía sanadora. Con su tercer ojo, vio una hermosa luz verde, rosa y dorada que la envolvía y abarcaba todo lo que tenía a la vista.

La luz que Joanna vio es un ejemplo de la señal más común del arcángel Rafael. Brilla con tanta intensidad, que la gente ve destellos o chispas de su luz verde esmeralda con sus ojos físicos. Yolanda Méndez la vio, junto con el color morado distintivo del arcángel Miguel, después de llamar a los dos arcángeles para pedirles ayuda.

El día de la fiesta de cumpleaños de su mamá, Yolanda se sintió mal y le preocupó no poder ir a la celebración, a la que realmente quería asistir. Así que decidió pedirles a los arcángeles Rafael y Miguel la sanación.

Momentos más tarde, Yolanda abrió los ojos y vio un halo brillante de hermosas nubes de luz morada y verde esmeralda moviéndose a un metro de su cuerpo. Las nubes de colores se acercaron a su cuello y a su pecho, flotaron hacia sus pies, y por último volvieron al área del cuello.

Yolanda se sintió muy relajada, tranquila y amada, a sabiendas de que Rafael y Miguel cuidaban y sanaban su cuerpo. Todo esto duró cerca de 15 minutos, y después descansó otros 15. Cuando Yolanda salió de la cama, estaba llena de energía y pudo disfrutar de la fiesta de cumpleaños.

Rafael sabe que si anuncia su presencia por medio de su brillante luz verde, te relajas de inmediato y empiezas a sentirte mejor. El arcángel brilla con intensidad, sobre todo cuando está ocupado, llevando a cabo una sesión de sanación en ti o en un ser querido. Esta luz verde tiene un efecto tranquilizante en todos los que están cerca de ella. Pero también puedes invocar la luz verde visualizándola alrededor de una persona o de una parte en especial del cuerpo que necesitan sanar.

Igual que un médico que sabe tratar muy bien a los pacientes, Rafael te asegura que todo va a estar bien. Calma tus miedos con su energía tranquilizadora y demostrándote que siempre está cerca.

Una mujer de nombre Faith en verdad necesitaba que Rafael la calmara cuando algo salió mal con su embarazo y supo que perdería a Luke, su hijo nonato. Faith visualizó su pequeña alma en los brazos de los ángeles. Colocó sus manos en su vientre y les pidió a los arcángeles Rafael y Miguel que lo guiaran en su viaje de regreso con Dios.

Cuando Faith despertó de la anestesia después de la pérdida, tuvo una sensación inmediata de paz angelical que duró todo el día. También sintió a Rafael y a Miguel con ella. Faith comenta: "La paz que sentí fue un regalo de los ángeles que me avisaron que nuestro Luke estaba en un lugar mejor y había llegado a casa, al Cielo. Simplemente sabía que estaba en los brazos de los ángeles".

Y de camino del hospital a casa, Faith y su esposo escuchaban el radio y tocaron la canción "Angel" de Sarah McLachlan. Mientras cantaba la letra, Faith agradeció a los arcángeles Rafael y Miguel por sostener a su hijo y mantenerlo seguro.

La señal de Faith llegó a través del oído, lo cual fue apropiado porque necesitaba escuchar que su hijo estaba en los brazos de los ángeles para asegurarse de que Luke llegó al Cielo. Rafael y los demás ángeles suelen anunciar "con bombo y platillo" su presencia por medio de la música.

Las placas de los autos son el medio favorito de ángeles como Rafael para comunicar sus mensajes, como la señal que el cielo le mandó a mi amiga Jill, quien había tratado en vano de encontrar anteojos para corregir su problema de visión nocturna cuando manejaba, producto de la cirugía láser. Aunque su visión en el día es estupenda, en las noches ve las "auras" de las luces de los autos reflejadas en las incisiones del láser.

Hace poco, un día que regresaba a su casa del trabajo, Jill llamó a Rafael para pedirle que le ayudara a tener una visión perfecta de día y de noche, de cerca y de lejos. Entonces, pidió una señal para validar que el arcángel había escuchado su plegaria.

En ese momento, Jill se dio cuenta de que el auto de adelante era un Ford Focus que ostentaba en su placa las letras "VRFCL". Se impresionó por la claridad y la rapidez con la que apareció la señal: un coche llamado "focus" (foco, enfoque) con el mensaje fonético: "ver fácil". Jill sabía que Rafael había escuchado y estaba respondiendo su oración.

El nombre de Rafael

Rafael no es tímido, como lo has descubierto a lo largo de estas historias, y con suerte con tus propias experiencias con él. Incluso anuncia su nombre para darte mayor seguridad y certeza de su presencia sanadora.

Una mujer de nombre Bárbara iba en su auto, muy molesta y casi al borde del llanto por un incidente que acababa de suceder. En silencio, le pidió al arcángel Rafael que la ayudara rápido para que pudiera llegar bien a su casa. Justo entonces, dirigió su atención hacia la derecha y dio un grito ahogado cuando vio un letrero que decía: ESCUELA SECUNDARIA SAN RAFAEL.

Bárbara casi brinca de la emoción porque sabía que Rafael estaba mandándole una señal de que estaba con ella. Después, descubrió que el siguiente edificio se llamaba Preparatoria San Miguel.

Todo el camino a casa, Bárbara se sintió mucho más tranquila y en paz, a sabiendas de que esos poderosos arcángeles estaban con ella.

Las señales que Miguel y Rafael le enviaron a Bárbara fueron muy claras e inmediatas para que supiera que sus oraciones fueron escuchadas. A veces, lo único que necesitamos es la tranquilidad de que el Cielo escucha y responde nuestras plegarias. Rafael envía su firma como validación de que está trabajando en tu petición.

Aunque es un arcángel, Rafael puede estar contigo todo el tiempo, como un ángel de la guarda. Recuerda que él (igual que todos los arcángeles) es un ser ilimitado que puede estar con muchas personas al mismo tiempo. Y si tu misión tiene que ver con la sanación, no te sorprenda descubrir que el arcángel Rafael está contigo todo el tiempo, guiando tu capacitación y tu trabajo.

Rosa Iacono pidió una señal para saber qué ángel estaba con ella mientras leía un libro de ángeles durante un vuelo. Bueno, el arcángel Rafael quería hacerle saber que *él* estaba con ella; aunque Rosa no había conocido a nadie que se llamara Rafael desde la primaria, escuchó o vio el nombre cuatro veces en una semana en la que investigaba la identidad del ángel.

Todo comenzó justo después de que aterrizara el avión. Primero, el empleado de la recepción se llamaba Rafael; después, Rosa conoció a una pareja canadiense en la playa, y el esposo se llamaba Rafael; luego, en una fiesta en la alberca, un locutor repitió varias veces el nombre Rafael.

Así siguió hasta que Rosa volvió a casa, y conoció a una mujer en la clase de yoga que se presentó como Raffaela. Rosa dice: "La joven mujer no regresó a clase, ¿habrá sido un ángel?".

Sí, estoy de acuerdo con Rosa. Creo que Rafael manda gente que son sus tocayos (igual que Miguel y otros seres celestiales) como ángeles mensajeros. Recuerdo cuando fui guiada a ir a Lourdes, Francia, a visitar la famosa gruta de sanación descubierta por santa Bernadette. Mientras intentaba decidir si quería hacer el viaje, no paraba de conocer mujeres que se llamaban Bernadette. Cosa que tomé como una señal de validación. Fui a Lourdes y tuve una experiencia increíble que me cambió la vida.

Y con mucha frecuencia, Rafael demuestra su sentido del humor en una manera en la que confirma su presencia. Cuando una mujer de nombre Janet pidió una señal a Rafael, no se dio cuenta de que le había mandado una señal *literal*. Janet recuerda:

> *Después de leer* Ángeles 101, *meditaba y pedía el nombre del ángel que me acompañaba en ese momento. De inmediato escuché: "Rafael". Entonces, le pedí que me mandara una señal para confirmarlo, y esperé pacientemente.*
>
> *Bueno, mi señal llegó un par de días después cuando les pedí a los ángeles que me guiaran a casa a salvo. Después de esta oración, mi atención se dirigió a un edificio a mi derecha con un letrero que decía: PIZZA RAFAEL.*
>
> *De inmediato supe que era literalmente una señal del arcángel Rafael, y me reí por su sentido del humor. Esta experiencia me ayudó a saber que él y los ángeles están a nuestro alrededor y a tan sólo un pensamiento de distancia cuando necesitamos ayuda.*

Claro, la manera más convincente de que Rafael valide su presencia es apareciendo físicamente ante tus ojos. En el siguiente capítulo, conocerás gente que tuvo la fortuna de conocer al arcángel Rafael y sabrás cómo su presencia física la ayudó a sanar.

Capítulo 10

Ve y conoce a Rafael

"Querido arcángel Rafael, quisiera verte y escucharte con mis sentidos físicos para que me guíes y me sanes, y para sentir y recibir poderosa y profundamente tu energía sanadora".

CON LOS años, he conocido a mucha gente que ha recibido ayuda de ángeles en forma de humanos. Estos ángeles que encarnan temporalmente a veces aparecen como humanos que llevan a cabo labores sobrehumanas, como sacar autos de la nieve y salvar gente que está ahogándose, aparecer justo el tiempo necesario para ayudar y después desaparecer sin dejar rastro.

En las cartas de San Pablo a los corintios, decía que nos fijáramos cuando recibiéramos desconocidos en nuestras casas porque bien podrían ser ángeles de verdad. Tal vez has conocido ángeles encarnados. Las siguientes son sus características distintivas:

- Tienen una apariencia poco común, como ojos de color muy intenso o una forma de vestir que no va con el entorno.
- Saben tu nombre aunque nunca te han visto (o mencionan información personal que no es del dominio de todos).
- Aparecen y desaparecen de repente y sin ningún medio de transporte visible.
- Ayudan de manera milagrosa, o dicen las palabras justas para tranquilizarte.
- Si después quieres ponerte en contacto, no puedes localizarla, o no existe registro de la persona.

Una mujer de nombre Donna recuerda que conoció físicamente al arcángel Rafael cuando su hijo Nick estaba hospitalizado. Los médicos no sabían la causa del intenso dolor de Nick, así que Donna se dirigió a la sala de espera para poner en orden sus ideas y rezar por un milagro.

Mientras se hundía en sus pensamientos, un caballero muy atractivo que vestía camisa verde y corbata se acercó y le preguntó si podía hablar con ella. Donna no vio de donde salió ese hombre. Él dijo que la había visto ayudando a caminar a su hijo por el pasillo. Comentó que Nick estaba muy joven para estar tan enfermo en el hospital. Le preguntó si podía darle el nombre de un médico en Toronto que podría ayudarlo. El doctor tenía una máquina que escaneaba todo el cuerpo, hasta las células. Esa máquina no estaba disponible en Estados Unidos.

El hombre tranquilizó a Donna diciéndole que el doctor le darías respuestas. Así que anotó el teléfono del médico y lo llamó esa noche. El doctor aceptó recibirlos ese viernes en la mañana antes de que abriera su clínica. Para sorpresa de Donna, le dijo que ya tenía el nombre de Nick en la agenda. Cuando ella le preguntó cómo era posible, el médico dijo que un hombre había llamado y hecho la cita, y que esperaba su llamada.

En la clínica, el doctor descubrió que Nick tenía niveles muy altos de arsénico en el hígado y los pulmones. Si se hubiera quedado en el otro hospital tan sólo dos días más, posiblemente habría caído en coma y quizá hasta hubiera muerto. En la clínica, los doctores desintoxicaron su cuerpo del veneno, le dieron una serie de tratamientos y lo dieron de alta ese mismo día. ¡Nick se sintió mucho mejor y pudo caminar!

¿Quién era ese hombre de camisa verde que se acercó a Donna en la sala de espera? Donna comenta:

"Estoy convencida de que era el arcángel Rafael, el arcángel de la sanación".

Yo también. ¡Y qué curioso que Rafael vistiera de verde!

Experiencias de las apariciones de Rafael

Rafael se le apareció físicamente a Donna porque necesitaba hacer algo de inmediato para salvar la vida de su hijo. A veces, el arcángel de la sanación aparece ante gente necesitada en visiones psíquicas más que físicas; no obstante, su aparición y su presencia son muy reales.

En agosto de 2000, cuando Frank, el esposo de Marilyn Hays estaba en el hospital para someterse a una cirugía a corazón abierto, ella invocaba continuamente al arcángel Rafael para que lo aliviara y estuviera presente durante la operación.

Después de una de esas oraciones, Marilyn se quedó hasta tarde viendo la televisión en la sala. Le dio sed, así que apretó el botón "silencio" del control remoto y fue a la cocina por agua.

Escuchó un coro de hombres cantando, pero la televisión estaba en silencio y ella estaba sola en la casa. La música se detuvo, y un grande y alto ángel con colorida túnica apareció al lado derecho de Marilyn. Dijo estas palabras: "Estaré allí".

Marilyn recuerda: "Estaba tan sobrecogida y sorprendida, que contesté lo único que se me vino a la cabeza: '¡Gracias!'" Desapareció y el coro de hombres volvió a cantar. Toda esta experiencia duró menos de un minuto.

Nueve años más tarde, el esposo de Marilyn sigue vivo y está bien. Comenta: "Estoy segura de que fue el arcángel Rafael el que me visitó, salvó y recuperó la salud de mi esposo en respuesta a mis plegarias".

Marilyn experimento una "aparición", que es la visita más real de un ángel, en la que lo vio y lo escuchó hablar. Los científicos que estudian las apariciones dicen que la delgada línea que separa a las apariciones de las alucinaciones es su calidad más que real.

¿Te fijaste que Marilyn estaba completamente segura de que vio y escuchó a Rafael? Ésa es una característica de aquellas personas que han tenido fuertes encuentros similares con ángeles. Simplemente *saben* que la experiencia sucedió, y no les importa si los demás les creen. Como ex psicoterapeuta, creo que Marilyn sí fue visitada por Rafael y él ayudó para la recuperación y longevidad de su esposo.

Ver físicamente a Rafael

A veces, la aparición parece más una visión psíquica que una aparición, como en el caso de una mujer de nombre Krisztina Muskovits. Aunque su visita no fue física, tuvo una experiencia muy profunda.

Krisztina estaba en la cama por una infección en la garganta. Tenía tanto dolor, que le pidió al arcángel Rafael que la aliviara por favor. De repente, con su tercer ojo, vio una luz grande que la rodeaba y sintió su presencia.

Rafael estaba al lado de su cama, era muy grande y alto. Vestía una manta verde con adornos dorados. De cabello rizado y largo hasta los hombros. Krisztina sintió su energía, una fuerza sanadora que alivió su garganta. Esta energía era gruesa, color verde esmeralda. En unos minutos, se sintió mucho mejor.

Krisztina dice: "La energía de Rafael fue más sutil de lo que imaginé. Durante todo el proceso de sanación, una luz dorada baño mi recámara. Pero la energía que él me dio era verde".

La repentina sanación de Krisztina es una prueba de la veracidad de su encuentro con el arcángel Rafael. La imagen física que toma es la perfecta para la persona y la situación que está tratando.

A veces, el arcángel Rafael y los demás ángeles vienen a nosotros en sueños. Cuando dormimos, nuestra mente se abre más para recibir los mensajes de los ángeles y la energía sanadora, sobre todo si tendemos a llevar una vida muy ocupada o agitada en las horas de vigilia.

Si tienes un encuentro con un ángel (u otro ser celestial) en sueños, notarás la calidad más que real de una verdadera experiencia de aparición física. Los colores y las emociones son fuertes y vívidas, y recordarás el sueño mucho tiempo después de haber despertado.

Una mujer de nombre Susie recibió la visita del arcángel Rafael en sueños cuando pasaba por momentos muy difíciles. El crecimiento espiritual de Susie estaba detenido, sus amigos iban quedándose por el camino, y lo único que hacía era trabajar. Cada noche, le pedía a Dios guía porque se sentía muy sola y perdida.

Después de rezar, Susie tuvo un sueño muy vívido de una llave que abría la puerta y dejaba ver un hermoso ángel con alas, toga y cabello largo y suelto. El ángel anunció que era el arcángel Rafael. En el sueño, Susie se arrodilló rápidamente y bajó la cabeza en señal de reverencia. El arcángel también se arrodilló.

Luego le dijo a Susie directamente: "Nunca más vuelvas a pensar que estás sola. Si alguna vez te sientes así, busca en tu corazón porque Dios siempre está allí; y nosotros, sus mensajeros, también estamos con Él. Ya no busques más".

Susie despertó de ese sueño sin preocupaciones. Comenta: "Sin duda, sé que Dios, el arcángel Rafael y todos los ángeles están en mi corazón, y siempre están a mi lado".

El arcángel Rafael escucha y responde todas las plegarias, ayudando a un sinnúmero de personas y animales al mismo tiempo de maneras ingeniosas y hechas a la medida. No importa si responde a tu oración con una visita personal o con guía intuitiva, confía en que el arcángel de la sanación maneja la situación de forma perfecta y Divina.

Capítulo 11

ORACIONES SANADORAS

EL ARCÁNGEL Rafael, igual que todos los seres del Cielo, responde a cualquier forma de plegaria. Puedes decir tu oración en voz alta o en silencio, con palabras formales o informales, con reverencia o con frustración. Las palabras y la forma no importan lo que importa es que pidas ayuda, porque los ángeles no pueden violar tu libre albedrío, ni asistirte sin tu permiso.

A continuación, encontrarás algunas oraciones para varias partes del cuerpo, las emociones y cosas de la vida que necesiten sanación. Por favor, tómate la libertad de modificarlas para que se acomoden a tu situación y a tus más profundos sentimientos. De hecho, entre más emoción le pongas a la plegaria, más rápido será respondida. Así que, por favor, a las tuyas ponles todo tu cuerpo, tu corazón y tu alma.

Puedes adaptar estas oraciones a tus creencias religiosas o espirituales, en caso de que desees dirigir la plegaria a Dios, al Espíritu Santo, a Jesús o a una deidad o santo en particular. Las oraciones son mucho más poderosas si reflejan tus verdaderos sentimientos y creencias en las palabras que pronuncias.

Después de la plegaria, por favor, suelta tus preocupaciones y no intentes controlar *cómo* será respondida. En vez de eso, confía en la maravillosa sabiduría y el amor de Dios para crear una solución ingeniosa, hecha a tu medida y a la de la situación. Permite que el Cielo te sorprenda al responder tu oración.

Fíjate en las señales y en la guía que se presentan después. Como has leído en estas páginas, el arcángel Rafael suele responder a las plegarias susurrando sugerencias que escuchas en forma de pensamientos, sensaciones, sueños y visiones. Si sientes la fuerte corazonada de hacer algo positivo, recuerda que se trata de una oración respondida. Sigue tus corazonadas, ellas te conducirán a una paz renovada.

Las siguientes oraciones pueden ser dichas en cualquier momento para pedir la ayuda del arcángel Rafael en la conservación de un cuerpo sano también.

Adicciones

"Querido arcángel Rafael, hoy estoy totalmente dispuesto a liberar mi antojo por *[describe la sustancia que se te antoja]* a cambio de verdadera realización, paz y salud. Por favor, disuelve mis apegos malsanos y ajusta mis ansias para adoptar comida, bebida y comportamiento positivos y resueltos. Por favor, ayúdame a experimentar los estupendos sentimientos del amor de Dios".

Amígdalas

"Querido arcángel Rafael, por favor, baña mis amígdalas con tu luz tranquilizadora y sanadora verde esmeralda. Gracias por procurar mi bienestar con guía clara y energía de sanación".

Ansiedad

"Querido arcángel Rafael, te pido que calmes mi mente y mis nervios con tu color verde esmeralda. Ayúdame a relajarme y a confiar en que mis seres queridos y yo estamos seguros y protegidos".

Apéndice

"Querido arcángel Rafael, por favor, baña mi apéndice con energía y luz sanadora; ayúdame para tener un sistema inmunológico, una digestión y una eliminación sanos. Gracias por cuidar de mi salud ofreciéndome guía clara sobre las elecciones que debo hacer en cuanto a mi dieta y mi estilo de vida".

APETITO

"Querido arcángel Rafael, gracias por disolver los apegos basados en el miedo a alimentos y bebidas que me hacen daño. Gracias por ajustar mi apetito para que sólo se me antojen cosas sanas. Gracias por guiar con claridad mis elecciones de alimentos y bebidas".

BRAZOS

"Querido arcángel Rafael, te pido que envuelvas mis brazos con tu luz sanadora verde esmeralda, disuelvas todo lo que no proviene de Dios y reveles la verdadera fuerza y la salud perfecta de mis brazos".

CABELLO

"Querido arcángel Rafael, por favor, baña mi cuero cabelludo y cabello con tu energía sanadora, ayudándolo a que crezca sano, con brillo y vitalidad. Gracias por cuidar de cada hebra con luz y amor".

CABEZA

"Querido arcángel Rafael, gracias por ayudarme a perdonarme y a perdonar a todos aquellos que me han lastimado. Gracias por ayudarme a reconectarme por completo con el amor y la sabiduría universales de Dios. Te pido que bañes mis cabeza con tu energía sanadora, ayudándome a restablecer mi salud perfecta".

CADERA

"Querido arcángel Rafael, por favor, ayuda a la salud, flexibilidad y completo funcionamiento de mi cadera. Te pido que cures mi cadera con tu energía sanadora y me ayudes a caminar sin miedo por el sendero de la felicidad hacia mi misión".

COLON

"Querido arcángel Rafael, por favor, envía tu energía sanadora a mi colon y a mi aparato excretor. Ayúdame a estar perfectamente sano y funcional en todos los sentidos".

CONCEPCIÓN

"Querido arcángel Rafael, confío en tu poder sanador, que sé proviene de Dios. Gracias por abrir el sendero para que conciba sanamente. Gracias por mostrar el camino para que mi amado hijo nazca sano después de que mi tranquilo embarazo llegue a término".

CORAZÓN

"Querido arcángel Rafael, hoy libero y suelto por completo los apegos emocionales que haya en mi corazón. Entrego el dolor emocional a ti y a Dios libre y totalmente. Por favor, envuélveme con luz verde esmeralda, la cual inhalo en cada célula de mi corazón y sistema cardiovascular. Gracias por procurar mi corazón sano en todos los sentidos".

COSTILLAS

"Querido arcángel Rafael, gracias por restablecer el equilibrio de mi cuerpo y sanar mis costillas por completo. Estoy sano en todos los sentidos, en la verdad espiritual, y te agradezco por ayudarme a respirar sin esfuerzo y cómodamente".

CUELLO

"Querido arcángel Rafael, gracias por procurarme, por ayudarme a ser flexible y por permitirme ver el cuadro completo. Gracias por sanar mi cuello y restaurar mi rango de movimiento".

Dedos de las manos

"Querido arcángel Rafael, gracias por sanar mis dedos y restaurar su salud y su funcionamiento. Hoy libero todo el dolor y absorbo por completo en mis manos y mis dedos tu energía sanadora".

Dedos de los pies

"Querido arcángel Rafael, por favor, ayuda a que mi(s) dedo(s) esté(n) sano(s), fuerte(s) y funcione(n) bien. Por favor, ayúdame a ponerme de pie con firmeza y a avanzar en el sendero de mi misión. Hoy libero toda la ira y el rencor a cambio de paz y salud".

DEPRESIÓN

"Querido arcángel Rafael, gracias por levantar mi mente y mi ánimo, y por permitirme ver las bendiciones y los regalos que hay en esta situación y en mi vida. Por favor, ayúdame a sentirme agradecido y en paz, y a deshacerme de mis dolorosos pensamientos y sentimientos".

DIENTES

"Querido arcángel Rafael, gracias por bañar mis dientes con tu energía sanadora verde esmeralda. Gracias por ayudarme a disfrutar de dientes sanos".

Encías

"Querido arcángel Rafael, confío en Dios y en ti, como mensajero de Dios, para conducirme a las situaciones perfectas que me sostengan y me llenen de alegría en todos los sentidos. Gracias por bañar mis encías con energía sanadora, guiarme con claridad y darme el valor para seguir este sendero iluminado".

Energía

"Querido arcángel Rafael, por favor, desbloquea y libera todo el poder de mi energía concedida por Dios. Por favor, revitalízame y refréscame para que disfrute completamente cada momento de mi vida".

ESPALDA

"Querido arcángel Rafael, gracias por bañar todo mi cuerpo con tu luz sanadora verde esmeralda y por apoyarme completamente. Gracias por prestarme tu suave fuerza para que pueda sentirme bien con tranquilidad y confort".

ESTÓMAGO

"Querido arcángel Rafael, hoy entrego todo lo que me incomoda a ti y a Dios para que lo transmuten y lo sanen. Me doy permiso de aceptar lo que está sucediendo en mi vida con gracia y entrega, a sabiendas de que la paz produce milagrosos resultados sanos. Gracias por bañar mi estómago con tu energía de sanación, restableciendo la perfecta armonía y bienestar de mi digestión".

GARGANTA

"Querido arcángel Rafael, estoy dispuesto a hablar mi verdad a mí y a los demás con amor y sabiduría. Gracias por limpiar mi garganta de energías de miedo y ayudarme a expresarme con claridad y salud. Gracias por aliviar mi garganta con energía sanadora verde esmeralda".

HÍGADO

"Querido arcángel Rafael, hoy estoy dispuesto a liberar la ira y el rencor acumulados y a limpiar por completo los efectos de mi antiguo estilo de vida. Gracias por aliviar mi hígado y procurar que funcione con perfecta salud".

Hombros

"Querido arcángel Rafael, hoy te entrego a ti y a Dios todas las cargas para que las sanen y las transmuten. Ya no estoy dispuesto a cargar negatividad, ni estrés, y te pido que limpies y cubras mis hombros con tu protectora y sanadora energía verde".

Huesos

"Querido arcángel Rafael, gracias por ocuparte del buen funcionamiento, la salud y la fortaleza de mis huesos con tu presencia y tu energía sanadoras. Gracias por restaurar y sanar completamente mis huesos, que son los que me dan soporte y me permiten pararme fuerte".

LABIOS

"Querido arcángel Rafael, por favor, sana mis labios y restaura su estado natural de salud Divina y funcionamiento perfecto".

LENGUA

"Querido arcángel Rafael, te invoco ahora. Gracias por liberar los miedos de expresar mis experiencias pasadas, sentimientos o pensamientos. Gracias por ayudarme a hablar fuerte y claro, y desde el fondo de mi corazón. Gracias por aliviar mi lengua y restablecer su naturaleza perfecta y Divina".

Mandíbula

"Querido arcángel Rafael, gracias por aliviar mi mandíbula para que funcione perfecta y sanamente. Gracias por ayudarme a masticar y a tragar con facilidad y alegría. Hoy libero la tensión de mi mandíbula, a sabiendas de que me sostienes y me proteges en todo momento".

Manos

"Querido arcángel Rafael, por favor, toma mis manos y ayúdame a absorber tu poderosa luz sanadora. Por favor, ayúdame a deshacerme de toda la negatividad y en su lugar a recibir amor, luz y pensamientos positivos".

Muñecas

"Querido arcángel Rafael, gracias por ayudarme a ser flexible. Hoy estoy dispuesto a soltar cualquier cosa dañina que he estado cargando. Gracias por sanar mis muñecas y restablecer su salud y su rango de movimiento".

Músculos

"Querido arcángel Rafael, gracias por dar masaje con tu energía sanadora verde esmeralda a mis músculos, ayudándolos a sanar, a relajarse y a recuperarse. Gracias por restablecer los niveles de sano funcionamiento de mis músculos y ayudarme a disfrutar estirarlos y doblarlos en mi estilo de vida sano".

NARIZ

"Querido arcángel Rafael, gracias por aliviar mi nariz bien y por completo. Gracias por enviar amor y luz a mi nariz y darle salud y funcionamiento perfectos".

NERVIOS

"Querido arcángel Rafael, por favor, tranquiliza, calma y sana mis nervios. Por favor, ayuda a que funcionen sanamente. Por favor, envuélveme con luz sanadora verde esmeralda, la cual sólo la energía sutil puede permear".

Oídos

"Querido arcángel Rafael, por favor, con tu presencia Divina y tu energía de sanación, ayuda a que mis oídos estén sanos y funcionen perfectamente. Estoy dispuesto a liberar cualquier cosa hiriente que escuche, y estoy dispuesto a escuchar la verdad".

Ojos

"Querido arcángel Rafael, gracias por lavar mis ojos con tu energía sanadora verde esmeralda, ayudándome a enfocar y ver con claridad todos los detalles y la belleza de la vida".

Ovarios

"Querido arcángel Rafael, te pido que bañes mis ovarios con tu luz sanadora verde esmeralda, eliminando con ella los bloqueos o el dolor y ayudándolos a que funcionen sanamente en todos los sentidos. Gracias por guiarme con claridad hacia la salud y el bienestar".

Páncreas

"Querido arcángel Rafael, por favor, baña mi páncreas con tu energía sanadora y ayuda a que mis sistemas digestivo y endocrino funcionen en orden perfecto y Divino".

Pareja

"Querido arcángel Rafael, gracias por presentarme a una pareja sentimental maravillosa que comparte mis intereses, mis metas y mis principios. Gracias por darme fe, valor y guía que me conducen a mi relación sana y feliz".

Parto

"Querido arcángel Rafael, por favor, supervisa mi embarazo y mi parto, procurando la salud y la protección de mi bebé, y también la mía. Gracias por guiar mi tranquilo y sano parto en todos los sentidos".

Pena

"Querido arcángel Rafael, por favor, sostenme en tus brazos y consuela mi dolorido corazón. Ayúdame a seguir adelante y a reconstruir mi vida. Por favor, dame esperanza y fe".

Peso

"Querido arcángel Rafael, hoy entrego mis pensamientos y sentimientos de cargas y pesadez en tus manos y en las de Dios. Estoy animado, y mi mente y mi corazón están ligeros y desenfadados. Por favor, disuelve los cordones de miedo conectados a alimentos o bebidas que me hacen daño, y guía mi apetito y mis necesidades alimentarias de manera sana".

Piel

"Querido arcángel Rafael, gracias por ayudarme a hacer brillar la luz gloriosa de Dios a través de mi piel y por radiar la belleza natural de Dios de pies a cabeza".

Piernas

"Querido arcángel Rafael, gracias por ayudarme a ponerme de pie con fuerza, a caminar con facilidad y a moverme con gracia. Gracias por bañar mis piernas con tu energía sanadora verde esmeralda".

Pies

"Querido arcángel Rafael, por favor, cuida la salud de mis pies, ayudándome a andar con orgullo y fuerza por el sendero de mi alma y de mi corazón".

Preocupación

"Querido arcángel Rafael, por favor, acude a mí ahora y consuela mi mente y calma mi corazón. Estoy dispuesto a darte a ti y a Dios todas mis angustias y preocupaciones para que, por favor, me asistan para liberarlas. Ayúdame a saber que estoy seguro en todos los sentidos. Gracias por transformar mis pensamientos en paz".

PRÓSTATA

"Querido arcángel Rafael, gracias por procurar y aliviar mi glándula prostática y guiar mis acciones para que yo también asegure su salud y su funcionamiento".

PULMONES

"Querido arcángel Rafael, te pido que limpies y alivies mis pulmones por completo. Hoy me perdono y perdono a los demás por las cosas nocivas que pude haber inhalado. Por favor, guíame hacia los cambios que necesito hacer para asegurar la salud y el bienestar perfectos de mis pulmones".

RIÑONES

"Querido arcángel Rafael, por favor, envía tu luz y tu energía sanadoras verde esmeralda a mis riñones para limpiarlos y aliviarlos por completo. Por favor, restablece su salud perfecta y ayúdame a vivir una vida sana".

SALUD EN EL EMBARAZO

"Querido arcángel Rafael, te pido que vigiles el crecimiento y la salud de mi bebé. Por favor, procúranos por completo y con claridad, y dame guía que distinga y comprenda con facilidad para que sepa qué pasos dar para asegurar la salud y el bienestar de mi hijo y el mío".

Salud mental

"Querido arcángel Rafael, por favor, ayúdame a pensar y a ver la belleza y el orden de mi vida. Por favor, ayúdame a liberar el dolor de mi pasado y la angustia sobre mi futuro, y a disfrutar por completo del momento presente. Por favor, guíame para concentrarme en aquello de lo que estoy agradecido y para entregar mis pensamientos dolorosos a Dios en cuanto se presenten".

Sangre

"Querido arcángel Rafael, por favor, purifica mi sangre y limpia mis venas y mis arterias con tu luz sanadora verde esmeralda, y restaura mi salud y mi equilibrio por completo".

SENOS

"Querido arcángel Rafael, gracias por bañar mis senos perfectamente sanos con tu luz verde esmeralda, protegiéndolos y cuidándolos en todos los sentidos".

SISTEMA ENDÓCRINO

"Querido arcángel Rafael, gracias por bañar mis glándulas con tu luz sanadora verde esmeralda, equilibrando y armonizando mis hormonas para tener salud perfecta y bienestar".

SISTEMA REPRODUCTOR

"Querido arcángel Rafael, por favor, envía apoyo, guía y energía de sanación a mi sistema reproductor, asegurando que mi cuerpo responda a mis deseos de embarazarme. Te pido que tú y el resto de los ángeles me guíen a mí y a mi pareja para que concibamos y demos a luz un niño sano".

SISTEMA RESPIRATORIO

"Querido arcángel Rafael, te pido que me ayudes a respirar con facilidad, inhalando y exhalando con perfecta comodidad. Gracias por restablecer mi salud respiratoria y por protegerme de la contaminación, los alergenos y demás irritantes".

SISTEMA URINARIO

*"Querido arcángel Rafael, por favor,
baña mi sistema urinario con tu sanadora
y equilibrante luz verde. Estoy dispuesto
a liberar la ira y el rencor que siento hacia
mí, hacia los demás y hacia las circunstancias.
Hoy, relajo mi cuerpo y dejo ir las cosas
dañinas que he estado reteniendo".*

SUEÑO

*"Querido arcángel Rafael, por favor,
consuela mi mente y ayúdame a relajarme,
a confiar y a soltar. Gracias por ayudarme a
disfrutar esta maravillosa noche de sueño.
Hoy me siento protegido y amado".*

UÑAS (DE LAS MANOS Y DE LOS PIES)

"Querido arcángel Rafael, por favor, sana mis uñas fácil y rápido, restaurando la piel que está debajo de ellas y ayudándolas a crecer de manera fuerte y sana".

VEJIGA

"Querido arcángel Rafael, gracias por enviar tu energía sanadora verde esmeralda a mi vejiga y sistema urinario. Hoy libero con facilidad mis pensamientos y mis sentimientos de ira y me permito aceptar mis verdaderas emociones ante mí y ante los demás con amor".

Viajes

"Querido arcángel Rafael, te pido que te quedes conmigo como compañero de viaje durante esta travesía. Gracias por asegurarme un traslado y una llegada seguros, con todo mi equipaje, transportación, alimentos y necesidades cubiertas de maneras maravillosas. Gracias por ayudar a que mi viaje sea divertido, fructífero y agradable".

Acerca de la autora

Doreen Virtue tiene licenciatura, maestría y doctorado en terapia psicológica, y es una clarividente de toda la vida que trabaja con el reino de los ángeles. Es autora de *Medicina de ángeles*, *Sanando con los ángeles*, entre otros libros. Sus obras se encuentran disponibles en casi todos los idiomas.

Doreen ha aparecido en los programas de televisión estadounidense Oprah, The View, Good Morning America, CNN, y otros programas de radio y televisión. También escribe columnas para las revistas *Woman's World*, *New Age Retailer* y *Spirit & Destiny* (todas publicaciones estadunidenses). Si necesitas más información sobre Doreen y los cursos que da, por favor visita la página www.AngelTherapy.com

También puedes escuchar el programa de radio semanal de Doreen visitando HayHouseRadio.com

TÍTULOS DE ESTA COLECCIÓN

Ángeles. Tu guía diaria

Arcángeles y maestros ascendidos

Cómo escuchar a tus ángeles

Guía diaria de tus ángeles

Los milagros del arcángel Miguel

Los milagros sanadores del arcángel Rafael

Medicina de ángeles

Mensajes de tus ángeles

Números angelicales

Reino de los ángeles terrenales

Sanación con hadas

Sanación con los ángeles

Terapia con ángeles

Esta obra se Imprimió
En los talleres de
IMPRESOS MEGAUNIÓN S. A. de C.V.
Calle 10 № 1 esq. Av 6 pte
Col. Renovación Deleg. Iztapalapa
C. P. 09209 México D. F.
Tel: 15 46 31 62